ハリウッド映画の終焉

Uno Koremasa

a pilot of wisdom

目次

図版レイアウト／MOTHER

本文中の映画タイトルに続く（　）の中の西暦は、映画の製作年をあらわしています。

はじめに

カルチャーとしての映画、アートとしての映画はこれからも細々と続いていくだろう。しかし、産業としての映画、とりわけ20世紀中盤から長らく「大衆娯楽の王様」であり続けてきたハリウッド映画は、確実に終焉《しゅうえん》へと向かいつつある。

アメリカのメジャースタジオが製作する娯楽映画、いわゆる「ハリウッド映画」を習慣的に観《み》てきた人なら、２０２０年代に入ってから日本で劇場公開される作品の本数が極端に減少していることに気づいているだろう。２０２０年代は新型コロナウイルスの世界的なパンデミックとともに幕を開けた。日本でも一時期はほとんどの映画館が休業を余儀なくされて、営業を再開してからも一部のメガヒット作品を除いて映画館への客足はなかなか戻らなかった。新型コロナウイルスの影響は、当然のように世界各地で撮影されてきたハリウッド映画の制作体制にも及んだ。もしかしたら、「ハリウッド映画の劇場公開が減っているのは、その影響がまだ続いているからではないか?」と思っている人もいるかもしれない。しかし、新型コロナウイルスは、時計の針を少しだけ早く先に進めるきっかけとなったに過ぎない。

映画というアートフォームが、テレビシリーズやアニメーション作品やドキュメンタリー作品といったほかの映像コンテンツと同じように、俗に言う「ストリーミング戦争」の波に巻き込まれることになるのは時間の問題だった。先行するネットフリックスやアマゾンプライムビデオやHuluに続いて、北米でディズニープラス、HBOマックス、アップルTVプラスをはじめとする大手ストリーミングサービスが出揃ったのが2020年。各プラットフォームが社運をかけて体制を整備し、過去の映画やテレビシリーズの配信権を囲い込み、数々の新しいキラーコンテンツの配信を準備していたところにちょうどやってきたのが、新型コロナウイルスのパンデミックだった。北米では映画館の休業が長引いたこともあって、2020年から2021年にかけて多くのメジャースタジオ作品やインディペンデント作品の権利が各ストリーミングサービスに売却されて、配信での公開となった。それが映画会社の一時的な損失を最小限にとどめる唯一の方法だったからだ。

しかし、新型コロナウイルスの感染拡大が落ち着いた(あるいは、それを許容するという社会的コンセンサスができた）２０２２年になっても、劇場公開されるハリウッド映画の作品数がそれ以前の水準に戻ることはなかった。そして、それは２０２３年以降も変わらないことが見込まれている。

　具体的に数字を挙げていこう。サム・ライミ版の『スパイダーマン』1作目、スター・ウォーズのプリクエル3部作の2作目『スター・ウォーズ／クローンの攻撃』、ハリー・ポッター・シリーズの2作目『ハリー・ポッターと秘密の部屋』などが大ヒットを記録した２００２年。ハリウッドのメジャースタジオは約１４０本の新作を劇場公開し、映画界全体では北米だけで約15億７５００人の年間観客動員を記録した。一方、２０２２年に劇場公開されたメジャースタジオ作品は73本、北米の年間観客動員は約8億１２００人だった。[*1] つまり、この20年で公開本数も観客動員もほぼ半減しているわけだ。ちなみに２０２３年に劇場公開されるメジャースタジオ作品は２０２２年とほぼ同じ77本となることが見込まれている。[*2]

　さらに深刻なのは、その中身だ。１４０本から七十数本へと製作本数が半減することで、真っ先に削減されるのは、シリーズものではない作品、監督の作家性の強い作品、オリジナル脚本の作品といった興収の予測が立ちにくい作品だ。また、これまで若手監督の登竜門となってきた比較的製作予算の低いホラーやコメディなどのジャンルムービーの製作本数も、メジャースタジオ作品は近年減少傾向にある。

現状、大手ストリーミングサービスによって配信されるオリジナル映画やテレビシリーズがそうした作品や作家の新たな受け皿となっているわけだが、メジャースタジオ作品のように製作予算の中に宣伝費が組み込まれて、作品ごとに世界中で周到なプロモーションがおこなわれることがないので、賞レースなどに絡めない大半の作品は、能動的に情報を取りにいく一部の視聴者にしか届かない。また、配信プラットフォームのオリジナル作品、あるいは配信プラットフォームが映画会社から独占配信権を買い取った作品は、再生回数が興行成績やソフトのセールス数のように開示されることがなく、配信後はどんなに作品がヒットしてもクリエイターや役者に利益が分配されることはない。そもそも、その利益を作品ごとに数値化すること自体が不可能なのだ。

結果として、メジャースタジオからリリースされる作品はシリーズもの（＝フランチャイズ映画）ばかり、それも観客を呼べる有名スターたちが出演している作品が中心となり、年に数本のメガヒット作品が映画産業全体を支えるという傾向が年々強まっている。2021年に公開された作品で代表的なのは、北米歴代興収3位となった『スパイダーマン：ノー・ウェイ・ホーム』。2022年に公開された作品で代表的なのは、北米歴代興収5位となった『トップガ

ン マーヴェリック』。歴代トップ5に入るような作品がここまで短期間に連続したのは異例のことだが、もしこの二つの作品がなかったら、パンデミック以降の映画館経営は北米だけでなく世界的にも壊滅的なことになっていただろう。

メジャースタジオが製作作品の「選択と集中」を徹底して、さらにそこで生き残った作品群の中から特定の作品に集客が極端なほど偏る。まさに新自由主義社会における「富の集中」と「格差」の問題そのままのことが現在の映画界で起こっているわけだが、実態はもう少し複雑な事情が入り組んでいる。

『スパイダーマン:ノー・ウェイ・ホーム』の配給はソニー・ピクチャーズ。『トップガン マーヴェリック』の配給はパラマウント・ピクチャーズ(日本配給は東和ピクチャーズ)。ソニー・ピクチャーズは主要メジャースタジオで唯一、自社のストリーミングサービスのプラットフォームを持つことはないと公言しているスタジオで、パラマウント・ピクチャーズも北米などで展開しているパラマウントプラスのグローバル展開が遅れている。そんな2社の作品が世界中で突出したヒットを記録したのには「当分は映画館でしか観られない」という背景があった。

その一方、2020年から2022年にかけて、ディズニーやワーナーはいかに自社のストリーミングサービスの契約者の数を増やすかに経営の主軸をシフトして、自社作品の独占配信公開や劇場公開との同時配信を推し進め、遅くても劇場公開から6～7週間後にはほぼすべての作品を配信してきた。新作映画を製作して、宣伝して、劇場で公開して、その興行で一次収入を得る、というメジャースタジオのこれまでのビジネスモデルは、もはや自明のものではなくなっている。

そうした映画の産業構造そのものの激変期にあって、必然的に映画の成り立ちや作品の内容も大きく変わってきた。トーマス・エジソンが個人のための映像視聴装置であるキネトスコープを発明してから130年。配信へのシフトによって、映画は大勢で「観る」ものから個人で「見る」ものへとある意味で先祖返りしつつある。その過程で、監督をはじめとする映画の送り手たちは、自らのアイデンティティを問われ、巨大企業のコマとなるか独立性を維持するかの選択を突きつけられ、一体いつまでこれまでのように映画を作ることができるかについて逡巡《しゅんじゅん》し、映画というアートフォームの革新の必要に迫られている。

本書では「#MeTooとキャンセルカルチャーの余波」「スーパーヒーロー映画がもたらした荒廃」「『最後の映画』を撮る監督たち」「映画の向こう側へ」という4つのテーマから、それぞれ4本の重要作品、もしくは象徴的な作品を取り上げて、その作品の内側と外側を検証しながら映画が置かれている現在地を明らかにしていく。その結論は書名に冠した通りだが、そこにいたるまでの各章では映画界の未来に向けた新しい視点や着目すべき兆候も提示しているので、結論のみに飛び付かずに最後まで付き合ってもらいたい。もちろん、ここで取り上げた16作品（すべての作品ではないが、ほとんどの作品は胸を張っておすすめできる作品だ）の鑑賞の際の有益なガイドとなることも心がけた。

第一章　#MeTooとキャンセルカルチャーの余波

I 『プロミシング・ヤング・ウーマン』――復讐《ふくしゅう》の天使が教えてくれること

『プロミシング・ヤング・ウーマン』以降

その作品を一度観てしまったら、もうそれまでと同じような映画の見方ができなくなる。映画にはそういう「○○○以前」や「○○○以降」という言葉で語るのが相応《ふさわ》しい作品が存在する。例えば、スティーヴン・スピルバーグ監督の『プライベート・ライアン』（1997年）の前半の戦場における主観ショットを繋《つな》いだ撮影やリアルな銃弾の音を体験してしまったら、これまでの戦争映画の戦闘シーンが長閑《のどか》なものに見えてしまうように。例えば、ポール・グリーングラス監督の『ボーン・スプレマシー』（2004年）のブレブレの手持ちカメラとスピーディーな編集で捉えられた肉弾アクションとリアルな打撃音を体験してしまったら、これまでのアクション映画の格闘シーンが鈍重なものに感じてしまうように。実際、それらの作品が開拓した手法は数年後、ハリウッド映画の戦場描写やアクション演出の新しいスタンダードとなっていった。

『プロミシング・ヤング・ウーマン』　写真提供：Everett Collection/アフロ

『プロミシング・ヤング・ウーマン』（2020年）を観て最初に思ったのは、「ハリウッド映画はこれから『プロミシング・ヤング・ウーマン』以降の時代に突入することになるんだな」ということだった。もっとも、それは演出面ではなく、作品のテーマ、及びその扱い方についての話だ。1985年ロンドン生まれ、公開当時34歳のエメラルド・フェネルにとって長編映画監督デビュー作となった『プロミシング・ヤング・ウーマン』は、それが初監督作であることが信じられないほど演出やプロダクション・デザインにおいて洗練された作品ではあるが、ここでは本作のプロットや語り口、及びその製作体制に焦点を当てていく。

タイトルの『プロミシング・ヤング・ウーマ

ン』を直訳すると「前途有望な若い女性」。これは、2015年にスタンフォード大学構内の宿舎で開かれたパーティーで、水泳部のスター選手だった当時19歳の男子学生が、酩酊状態にあった当時22歳の女子学生をレイプした事件の裁判において、裁判官が被告の男子学生に大幅な減刑（求刑の禁錮6年に対して、判決は禁錮6ヶ月と3年の保護観察）を言い渡す際に「前途有望な若者の未来を奪ってはいけない」と添えた言葉をそのまま反転させたものだ。同じような事件、及び明らかに不当に思える判決はアメリカの社会で継続的に起こっている出来事で、『プロミシング・ヤング・ウーマン』はそれを許している社会構造そのものを、被害者の親友だった主人公の視点から告発する作品となっている。

キャリー・マリガン演じるキャシーは、昼はコーヒーショップで働き、夜はクラブで泥酔したふりをして男たちを誘い、シラフのままベッドに誘い込まれたところで相手に反撃する。彼女は医学生だった7年前、同級生の男たちにレイプされて、その後自殺した親友ニーナの仇《かたき》を討つために生きているのだ。『プロミシング・ヤング・ウーマン』がユニークなのは、プロットはそのように極めてヘビーでシリアスなものでありながら、ビジュアルはポップで、シーン転換のテンポもよく、語り口はあくまでもブラックコメディ——中盤にはロマンティックコメディ的な展開まである——として仕上がっていることだ。冒頭シーンから明確にこれが男性から女性への性暴力についての作品であることが明示されるが、本作には観客を追い詰めるようなショッキングな性暴力シーンはなく、それどころかレイプ（rape）や性的暴行（sexual assault）という言葉すら一切使用されていない。

もちろん、性暴力シーンがなく、レイプや性的暴行という言葉も使われていないからといって、脚本と監督を手がけたエメラルド・フェネルが男性中心の社会に対して強い怒りを抱えていないというわけではないし、観客に対して手加減しているというわけでもない。性暴力シーンがないのは、男性の観客に対していかなる意味においてもポルノ的な消費を許さないという強い意志の表れだろうし、同種の経験をしたことがある女性の観客に対してフラッシュバックを起こさせないための配慮でもあるだろう。そして、直接的な言葉を使っていないのは、その言葉によって観客に「自分とは無関係である」と、作品と自分を切り離させないためでもあるはずだ。主人公キャシーの復讐は、性暴力の直接的な加害者たちだけでなく、やがて女性を含むその傍観者たち（＝観客たち）にも向かっていく。『プロミシング・ヤング・ウーマン』において、無関係な者は誰もいない。キャシーに反撃される男性たちに、アメリカのコメディ映画やテレビのコメディシリーズで好感度の高い役を演じてきた役者ばかりがキャスティングされているのもそれが理由だ。

#MeTooの発火点となったハリウッド

『プロミシング・ヤング・ウーマン』のような物議を醸しそうな題材の企画が、ユニバーサル・ピクチャーズ傘下のフォーカス・フィーチャーズで成立した背景には、2017年10月の「ニューヨーク・タイムズ」紙の記事「ハーヴェイ・ワインスタインは数十年にわたりセクハラ告発者を買収していた」[*1]と「ザ・ニューヨーカー」誌の記事「性的暴行の序章：ハーヴェイ・ワインスタインの告発者たちが語る物語」[*2]がきっかけとなって、ソーシャルメディア上で広がっていった#MeTooムーブメントがある。ここで重要なのは、エンターテインメントの世界や政治の世界だけでなく、スポーツ界や宗教団体や軍隊、さらには企業や学校や家庭などの一般社会にも瞬く間に広く行きわたったこの世界的な社会運動の発火点が、ハリウッドの映画界であったことだ。疑惑だけでなく法的にも重罪[*3]が確定したハーヴェイ・ワインスタインのような大物プロデューサーを追放するだけではなく、ハリウッドが業界全体としてこの問題をプロダクツ（＝作品）でどのように扱っていくのかについても問われていくのは当然の流れだった。

もっとも、まさに『プロミシング・ヤング・ウーマン』が問いただしたように、その傍観者にまで罪があるとするなら、ハリウッドの内外を問わず映画産業に長年従事してきた者の中に、果たして完全に「無罪」の者などいるだろうか？　プロデューサーや監督といった権力を持つ者たちにキャスティング権があり、そこでは性別を問わず性的魅力も役者の「商品性」に含まれ、少なからずその部分を強調した宣伝が展開されて、作品によって程度の差こそあれその「商品性」がファンによって消費される。ハリウッドに限らず古今東西の映画において、役者の現実離れしたような美しい容姿を売り物の一つとしてきた映画という表現形態は、その構造自体が不可避的に広義の「性の商品化」を含んできた。意識の変革やアップデートというのは便利な言葉だが、現実的にはプロデューサーや監督の女性比率を上げることや、性的なシーンの撮影を指導して役者の尊厳を守るインティマシー・コーディネーターの導入など、個別の施策によってのみ実質的な変化や前進はもたらされるのではないだろうか。

自らも役者として活躍中の脚本・監督のエメラルド・フェネルがプロデューサーを兼任し、そこに現在のハリウッドを代表する人気女優マーゴット・ロビーが名を連ね、主演のキャリー・マリガンがエグゼクティブ・プロデューサーを務め、性的なシーンや言葉がなくても性的な主題を扱ったシャープな作品を作ることができることを証明した『プロミシング・ヤング・ウーマン』。#MeToo ムーブメント以降、直接的、あるいは間接的に「男性による女性に対する性暴力」を扱った作品は増えているが、『プロミシング・ヤング・ウーマン』はその製作体制や題材へのアプローチ方法において最初に一石を投じた作品だった。

エメラルド・フェネルの逡巡

本作の公開時には、主に女性の批評家や観客から批判的な声も上がった。批判の一つは、物語の始まりの時点ですでに他界している、性的暴行の被害者ニーナへの言及があまりにも少ないことに対して。被害者の人権よりも加害者の人権について多くが語られ、(プライバシーへの配慮もあるのだろうが) 誰も被害者については語りたがらないという、男性による女性への性的暴行事件の際に法廷でしばしば起こる事態を追認しているだけなのではないか、という指摘だ。確かに、本作においてニーナの存在は主人公キャシーのアイデンティティの拠《よ》り所《どころ》でしかない。

しかし、現代のアメリカが舞台でありながら、プロダクション・デザインにおいてはネオンサインのビルボードに代表される80年代的な小道具が多用され、キャシーに宗教画の天使や聖人のイメージを繰り返し重ねている象徴主義的な本作を、どこまでリアリズム作品として論じるべきかについては慎重にならなくてはいけないだろう。もしキャシーを天使、つまり「この世ならざるもの」とするならば、ニーナの実在性が希薄であるのもそれと対になったものなのだろうし、ニーナがこの世を去った後、キャシーはニーナの「生まれ変わり」として生きているという解釈も可能なのではないか。

あるいは、フェネルにとって役者以外の仕事としては前作にあたる、ショーランナー及び脚本を手がけたテレビシリーズ『キリング・イヴ』シーズン２（２０１９年）でジョディ・カマーが演じたサイコパスの殺し屋ヴィラネルのキャラクターからの連続性で捉えれば、脚本家及び演出家としてのフェネルの力点が被害者ニーナではなく、ある種の「サイコパス」でも「殺し屋」でもあるキャシーに偏るのは当然だろう。インタビュー*4でもフェネルは「作家として私がやりたいのは人をぶちのめすことや怖がらせること」と語り、ジャンルでは西部劇や復讐劇に執着があることを語っている。

もう一つの批判は、よりストーリーの根幹に関わるものだ。物語的には議論の余地なく「正義」の側にいるキャシーが、後日談としては一定の復讐を果たしているとはいえ、最終的には男に命を奪われてしまうことに対して。このビターなエンディングについては、ジェンダーポリティックス的な見地からの「この結末では女性へのエンパワーメントにならない」という批判だけではなく、観客のカタルシスを損なうという「ハリウッド映画の掟《おきて》」的な理由においても、脚本の段階でフェネルは製作サイドからの修正の要望を度々受けてきたという。

実際、フェネルは『プロミシング・ヤング・ウーマン』にもう一つのエンディングを準備していた。それは、キャシーが最終ターゲットであるアルのバチェラーパーティーがおこなわれている家に火をつけて、男たちを皆殺しにするというものだ。フェネルはインタビュー[*4]で次のように語っている。

「でも、そのあとにキャシーはどうなる？　刑務所に入って無期懲役になる？　あの男たちにそれだけの価値はあるのだろうか？　復讐にはハッピーエンドはないということが、復讐劇というジャンルが抱えている問題であり、この作品で私が投げかけたかった問題でもあります。私がやりたかったのは、観客にある種の感情を抱かせてそれについて話してもらうこと、私たちが生きている社会について考察してもらうこと。ハリウッド的な空虚なカタルシスを伴う結末からは、会話が始まることはないのです」

映画はハッシュタグやプラカードではない

#MeToo ムーブメント以降、ハリウッドでは多くの女性プロデューサーや女性監督が台頭し、役者やスタッフのギャランティーの男女格差がこれまで以上に問題視されるようになり、キャスティングの段階や撮影現場においてさまざまなハラスメントが起こらないための数々の

ルールが施されるようになった。もちろんすべてはまだその過程にあって、それまで100年以上にわたってハリウッドで培われてきた強固な男性中心主義が根絶されるのはまだまだ先。あるいは、これからも根強く残り続けるという見方もある。

しかし、映画はソーシャルメディア上のハッシュタグアクティビズムではないし、街中のデモで掲げられるプラカードでもない。いや、ハッシュタグやプラカードのような映画も存在するし、それを支持する一定数の観客がいるならば、そのような作品にも存在価値はあるのかもしれない。しかし、『プロミシング・ヤング・ウーマン』では重要な視点が提示される。ワインスタインのようにあからさまに悪人顔の権力を握った老人ではなく、一見優しくて知的で清潔な若い男性であっても、あるいは普段は同性の権利や主張に理解がある柔和な女性であっても、#MeTooというイシューにおいては無関係な者などいないということ。誰もがそうした認識を持つことは、ハッシュタグやプラカード以上の力を持って、このムーブメントを表面的なものではなく本質的に、そして一時的なものではなく長期的に後押しすることになるはずだ。

また、映画史的な観点からも、自分は『プロミシング・ヤング・ウーマン』を極めて重要な作品だと捉えている。#MeTooムーブメントの発火点になったという事実によって、ハリウッドはその当事者として改革を強く求められることになり、それはスタッフィングやキャスティングだけでなく作品の内容にも確実に及んでいる。そこで映画作家としても突出した才覚を持ち、客観性やバランス感覚にも優れたフェネルが、『プロミシング・ヤング・ウーマン』で選択したアンチ「ハリウッド的な空虚なカタルシス」、言い換えるならある種のバッドエンドは、ベトナム戦争への反戦運動やそれに起因する厭世《えんせい》ムードの中で60年代後半以降に世に送り出されてきた、日本で言うところの「アメリカン・ニューシネマ」の諸作品がもたらしたインパクトにも通ずるのではないか。自分が「『プロミシング・ヤング・ウーマン』以降」と冒頭に掲げたのは、したがって「#MeToo 以降」という意味だけではない。#MeToo の時代を経て、映画は——少なくともハリウッド映画は——後戻りのできない一歩を踏み出すことになった。そして、それは厳しい内省や自己批判を必然的にともなう以上、決してスウィートなものやハッピーなものにはなり得ないだろう。

『プロミシング・ヤング・ウーマン』は興行的に成功を収め、2021年のアカデミー賞で作品、監督、主演女優、脚本、編集の5部門でノミネート、そのうち脚本部門で最優秀賞を受賞した。その後もフェネルは映画やテレビシリーズやミュージカル作品で役者業、脚本業ともに大きな仕事が続いているが、『プロミシング・ヤング・ウーマン』の成功でエンターテインメント業界において大きな発言権を勝ち取ったことで、映画監督としての次作を作りたいタイミングで作りたい作品を作りたいスタッフと撮ることができる確固たるポジションを手に入れた。目先のキャッチフレーズに飛びつくのも当事者であるならば当然のことだが、フェネルのような存在が5年、10年と活動を続けて着実に影響力を増していくことで、ハリウッドは本当の意味で生まれ変わっていくのだろう。

Ⅱ 『ラスト・ナイト・イン・ソーホー』――男性監督が向き合う困難

エドガー・ライトの報われなかった10年

ジョージ・A・ロメロ監督の『ゾンビ』(1978年)にオマージュを捧《ささ》げたホラーコメディ『ショーン・オブ・ザ・デッド』(2004年)以来、ユニバーサル・ピクチャーズ傘下にあるロンドンの製作会社ワーキング・タイトル・フィルムスと長期契約を交わして、イギリスをベースに同朋のコメディアン出身俳優、サイモン・ペック、ニック・フロストらとコメディ作品を順調に世に送り出してきたように見えるエドガー・ライト監督。しかし、彼のキャリアにはもう一つの側面、ハリウッド大作に振り回されてきた歴史がある。

ライトがハリウッドの大物たちと初めて密に仕事をしたのは、スティーヴン・スピルバーグ監督の『タンタンの冒険 ユニコーン号の秘密』(2011年)だった。2004年、ニュージーランド映画祭に『ショーン・オブ・ザ・デッド』を携えて参加したのをきっかけにピーター・ジャクソンと交流を持つようになったライトは、2007年から2008年まで続いた全米脚本家組合ストライキの影響で『タンタンの冒険 ユニコーン号の秘密』の脚本作業が中断した際、同作でプロデューサーを務めていたジャクソンからの依頼でその仕事をスティーヴン・モファットから引き継ぐことになった。タイミングとしては『ホット・ファズ 俺たちスーパーポリスメン！』（2007年）と『スコット・ピルグリム VS. 邪悪な元カレ軍団』（2010年）の間。全米脚本家組合ストライキの時期に重なったハリウッド映画は脚本の段階で明らかに難がある作品が少なくないが、批評的にも興行的にも散々に終わった『タンタンの冒険 ユニコーン号の秘密』もその一つと言わざるを得ない。2011年にロンドンでおこなわれた同作のプレミアに参加した際、自分はスピルバーグ、ジャクソン、ライトにそれぞれ対面でインタビューをおこなったが、自身の作業はその3年前にすべて終わっていて、制作現場に一度も顔を出せなかったのであまり話すことがないこと、スピルバーグと直接会ったのはその時のプレミアの場が初めてであることなどを、ライトは所在なさげに話してくれた。

ライトにとって『タンタンの冒険 ユニコーン号の秘密』は自らの監督作以外で脚本に関わった初めての作品となったが、それと前後して彼はもう一つの大きなプロジェクトを抱えていた。マーベル・シネマティック・ユニバース（以下、MCU）の12作目、フェーズ2の最終作として『アベンジャーズ／エイジ・オブ・ウルトロン』（2015年）に続いて公開された『アントマン』（2015年）だ。ライトは仲間の脚本家ジョー・コーニッシュとともに、MCUが始動するよりはるか以前、2003年から同作の脚本に取りかかっていて、2006年にマーベル・スタジオが映画化権を取得してからも監督及び脚本家として企画の中心にいた。当初、マーベル・スタジオは自社が製作する長編映画の最初の作品に『アントマン』を予定していたのだ。

しかし、マーベル・スタジオは長編映画第1作として2008年に『アイアンマン』を公開し、やがてそれはプロデューサーのケヴィン・ファイギが統括するMCUへと発展していった。結局、『アントマン』が公開されたのはその7年後。ライトは当時まだ存命だったマーベル・メディアの名誉会長スタン・リーとミーティングするなど継続的に準備を続けていたとのことだが、ディズニーによるマーベル・スタジオの買収話が進行していた2014年5月、クランクインの直前にライトが「ビジョンの相違」を理由に作品から降板したことが発表された。ライトのクレジットは原案、共同脚本、エグゼクティブ・プロデューサーの一人として残ったものの、新たに監督に起用されたペイトン・リードによって完成した『アントマン』には、ライト作品に特有のブラックなテイストや悪ふざけ的なノリの痕跡はほとんどなかった。

長編映画監督としてキャリアをスタートさせたばかりの時期から、こうして10年以上にわたってハリウッドのメジャースタジオや大物監督や大物プロデューサーに振り回され、自作の準備に費やす時間を奪われ、結果的に「労多くして実りなし」で終わってきたライト。そんな彼が初めてアメリカで撮影した作品が、ソニー・ピクチャーズ傘下のトライスターピクチャーズ配給の『ベイビー・ドライバー』（2017年）だった。同作の製作が発表されたのは2014年7月。ライトが『アントマン』を突然降板した、その2ヶ月後のことだった。

『ベイビー・ドライバー』が顧みられない作品となった理由

ライトが10代の頃から構想をあたためてきて、2003年には自身が監督したミュージックビデオ（ミント・ロワイヤル「ブルー・ソング」）でも冒頭シーンと同じ手法が試されていた『ベイビー・ドライバー』は、彼が長編映画では初めてコメディ作品の磁場から離れたカーアクション&クライム・ムービー。コメディ同様に賞レースでは軽んじられがちなジャンルの作品でありながら、アカデミー賞で3部門（音響編集賞、録音賞、編集賞）にノミネートされるなど主に技術面において高い評価を得て、その年のサプライズヒットの一つとなった。2017年には、MCU作品が初めて年に3作以上公開されて（その後は年3作以上が慣例化していく）、『スター・ウォーズ／最後のジェダイ』が賛否真っ二つに分かれた議論を呼ぶこととなった。そんなブロックバスター作品ばかりがスクリーンを占拠するようになった年のカウンター的快作という文脈においても、非フランチャイズのソリッドなエンターテインメント作品の『ベイビー・ドライバー』は世界中の批評家たちから高い支持を得た。

しかし、2017年は #MeToo ムーブメントが猛威を振るって、毎日のようにソーシャルメディア上で新たな告発者によってプロデューサー、監督、役者の名前が上がり、その対象がメディアと大衆によって糾弾されていくという、映画業界全体が一種異様な空気に包まれていた年でもあった。そこで取り沙汰された疑惑に関しては濃淡があり、それらはケースによっては司法の判断もふまえて個別に検証されるべきだが（本書は限定的な報道情報に基づいて何らかのジャッジをする立場は取らない）、その中でも「濃」を代表する一人となったのが、『ベイビー・ドライバー』で強盗チームの元締めを演じていたケヴィン・スペイシーだった（最初の告発者、14歳の時にケヴィン・スペイシーから性的暴行を受けたと主張して4000万ドルの損害賠償を求めた俳優のアンソニー・ラップは2022年10月に民事訴訟で敗訴した）。複数の告発を受けて、スペイシーはすでにクランクアップしていたリドリー・スコット監督『ゲティ家の身代金』（2017年）を降板。スコットはスペイシーの代役としてクリストファー・プラマーを起用して再撮影を敢行した。また、同じくクランクアップしていた出演作、ジェームズ・コックス監督『ビリオネア・ボーイズ・クラブ』（2018年）は北米では劇場公開が見送られて配信でリリースされた（後に劇場限定公開）。公開が数ヶ月遅かったら、あるいはスペイシーの性的暴行スキャンダルの告発が数ヶ月早かったら、『ベイビー・ドライバー』も同じような状況になっていたかもしれない。

さらに、その『ビリオネア・ボーイズ・クラブ』にも主演していた、『ベイビー・ドライバー』の主人公ベイビー役のアンセル・エルゴートも、2020年6月に未成年の一般女性から性的暴行の告発があり、その後も匿名による告発が相次ぐこととなった。2017年以降ハリウッドから事実上追放されたスペイシーと違って、疑惑が法廷に持ち込まれなかったエルゴートはスキャンダルの後も仕事を続けているが、若手ハリウッド・スターとして上り坂にあったキャリアには暗雲が垂れ込めたままだ。

本格的なハリウッド進出という意味においても、ジャンルの幅を広げた会心の一作という意味においても、ライトにとって大きなターニングポイントとなった『ベイビー・ドライバー』。しかし、結果として主演のスターとセカンドロールの名優がいずれもスキャンダルに見舞われたことによって、公開当時に巻き起こった絶賛に比して、今では不当なほど顧みられることがない作品となってしまっている。

精巧なデザインと杜撰《ずさん》な構成

映画制作にはディベロップ期間、脚本作業、撮影、編集と段階がある。ライトが『ラスト・ナイト・イン・ソーホー』（2021年）のアイデア（当初の仮タイトルは"Dark Valentine"）を『ショーン・オブ・ザ・デッド』以来のパートナーであるプロデューサーのナイラ・パークに売り込んだのは2012年。[*1]過去にソーホーのパブでバーテンダーをしていて近くのストリップ劇場の上階に住んでいた——つまり主人公エロイーズの設定そのままのような生活を送っていた——脚本家クリスティ・ウィルソン＝ケアンズとプロットを練り始めたのは2016年。したがって、『ラスト・ナイト・イン・ソーホー』を #MeToo ムーブメントへのリアクションとして短絡的に位置付けることには慎重になるべきだが、『ベイビー・ドライバー』の次にライトが取りかかったのは、60年代のロンドンを舞台に、ショービジネス界における若い女性への性的搾取を描いた作品となった。

60年代のロンドン・ソーホー地区のけばけばしさといかがわしさの再現性だけにとどまらず、画面の色彩設計から細かい背景や小道具まで、無類の映画マニアであるライトが愛する60年代の映画たちのイメージをいたるところに反映させた作品デザイン。王道の古き良きミュージカル映画にオマージュを捧げた冒頭や中盤のシーンを筆頭に、無類の音楽マニアでもあるライトによって60年代のポップソングの数々に意味やメタファーを張り巡らせた、（クエンティン・タランティーノやライトのフォロワーの作品にありがちな）ただの趣味性の発露とは次元の異なる音楽関連シーンの選曲と編集のセンス。エンターテインメント性と芸術性のバランスで評価するなら、『ラスト・ナイト・イン・ソーホー』によって映画作家としてのライトは同世代の監督ではもはや比べる者がいないほどの高みへと到達している。テイストのまったく異なる、しかしいずれも監督としてやりたかったことを圧倒的な精度で実現させた『ベイビー・ドライバー』と本作によって、もはやライトはハリウッドのメジャースタジオに都合よく振り回され、使い捨てにされるようなハリウッドの外にいるクリエイターではなく、むしろメジャースタジオが三顧の礼で列をなす側にいる名匠の一人となった。

一方、特に主人公エロイーズの世界ともう一人のヒロインであるサンディがいる過去の世界が夢の中だけでなく、現実にも侵食して交差していく中盤以降の作劇において、『ラスト・ナイト・イン・ソーホー』は構成及びナラティブにおいて少なからず混乱をきたしていく。本作がホラー映画の様相を帯びてくるのはその中盤以降。そこで参照されているのがマリオ・バーヴァやダリオ・アルジェントのジャッロ映画（60年代のイタリアで生まれたスリラー映画のジャンル）

『ラスト・ナイト・イン・ソーホー』　写真提供：Photoshot/アフロ

に通ずる審美性であることを勘案すれば、その混乱は半ば意図的という解釈も可能ではあるが、2020年代、つまり #MeToo ムーブメント以降に公開された女性の性被害を扱った作品としては、観ていてどうにも居心地が悪いのだ。プロットの大筋としてはエンターテインメントの世界に憧れる若い女性を性的に搾取する男性たちを自罰的に描いてはいるのだが、映画としての審美性が先立ってしまっていることで、そのテーマを扱う際の真摯さを疑われても仕方がないような強引な展開や描写が終盤にかけて頻出していく。

顔のない男たち

もちろん、映画監督が自身の審美眼に従って映画を作ることには何の倫理的問題もない。ライトのように強固な趣味性を持った作家が、『タンタンの冒険　ユニコーン号の秘密』や『アントマン』のような手応えが得られなかった受け仕事、あるいは全編アトランタで撮影した『ベイビー・ドライバー』のような「アウェー」の作品を経て、久々に「ホーム」で撮った『ラスト・ナイト・イン・ソーホー』でそれをここぞとばかりに注ぎ込むのも無理もないことだろう。

しかし、フェネルが『プロミシング・ヤング・ウーマン』で周到にハッピーエンドを回避して描いた女性への性的被害というテーマに男性の映画監督が向き合うと、自身が男性であること、しかも業界である程度の権力を持った存在であることに自罰的でなければならないという意識によって、どこか空回りをしてしまうのかもしれない。

『ラスト・ナイト・イン・ソーホー』の中盤以降に現れる加害者を象徴する「顔のない男たち」というモチーフは、ライトと同じく英国出身、70年代生まれのアレックス・ガーランド監督『MEN　同じ顔の男たち』（2022年）でも、より直接的なイメージと意味を持って登場する。女性への加害者であることを恥じて、あるいは恥じていることを主人公に見せつけるように、主人公の目の前で飛び降り自殺をした夫。『MEN　同じ顔の男たち』では、そんなショッキングな体験をしたばかりの主人公が休養に訪れた小さな村のコテージで悪夢的な体験をすることになる。本作の終盤では、『ラスト・ナイト・イン・ソーホー』の「顔のない男たち」と同じように、邦題のサブタイトルにもあるように「同じ顔の男たち」が主人公を襲う。男は男であるがゆえに生まれた時から宿命的に加害者である。そうしたメッセージが持つ自罰性は、見方によっては居直り的な態度とも紙一重である。もちろん、そのような穿《うが》った解釈をされてしまうのは、それが「男性監督の作品」である限りにおいてだが。

もう一つ穿った解釈を付け加えるなら、仮タイトルの"Dark Valentine"から『ラスト・ナイト・イン・ソーホー』にタイトルが決定した背景には、ライトと親交の深いタランティーノからのアドバイスがあったという。直接の由来は、同作のエンドクレジットでも流れるデイヴ・ディー・グループが1968年にヒットさせた、ソーホーで娼婦と一夜を過ごしたことを恥じて、恋人に「僕には君を愛する資格がないんだ」と歌い上げる、男のまったく身勝手な心情が歌われた他愛のない同名のポップソング。本作はそこからタイトルをそのまま拝借しているわけだが、その語感はどこかベルナルド・ベルトルッチ監督の『ラストタンゴ・イン・パリ』（1972年）を思い起こさせる。マーロン・ブランド演じる中年男性と、撮影当時まだ10代だったマリア・シュナイダー演じる女子学生の性愛を描いた同作は、後年、シュナイダー本人から撮影現場で深刻な性的搾取があったとの告発を受けた。2016年には、その5年前に亡くなったシュナイダーの2007年の発言が米「エル・マガジン」によって発掘[*2]されたことで、ソーシャルメディア上で作品のキャンセル騒動が起こった。公開当時もその性的描写が物議を醸したものの、その後は半世紀近くにわたってベルトルッチの代表作の一つとして語り継がれてきた『ラストタンゴ・イン・パリ』は、それ以来、欧米では触れてはいけない作品のような扱いをされるようになった。2018年にベルトルッチが亡くなった際、その生涯の功績に比べて、追悼する声が少ないことに驚きを禁じ得なかった。ライトやタランティーノも、もしかしたら同じ思いを抱いていたのかもしれない。

『プロミシング・ヤング・ウーマン』にはかつて複数の男性から性的被害を受けた親友になり変わって復讐に生きる主人公が、『ラスト・ナイト・イン・ソーホー』にはかつて複数の男性から性的被害を受けた女性の幻影、そして、それから半世紀近くを経ても今なおその復讐に取《と》り憑《つ》かれている女性が登場する。ライトにとって『ラスト・ナイト・イン・ソーホー』は長編では初めての女性が主人公の作品となったが、そこには『プロミシング・ヤング・ウーマン』とは対照的な、とってつけたようなハッピーエンドが用意されていた。

もっとも、ライトの本心は追加撮影された、デイヴ・ディー・グループ「ラスト・ナイト・イン・ソーホー」が流れるエンドクレジットの映像に隠されているのではないだろうか。クレジットの間にカットバックで次々に映し出される、新型コロナウイルスのパンデミックによってロックダウン中の静まり返った無人の夜のソーホーの街。劇場もパブもすべてシャッターを下ろし、酔っ払って街を練り歩く「顔のない男たち」も、ポン引きも、娼婦もいない中、ネオンだけが煌々《こうこう》と輝き続けているその様子は、まるで2020年代の映画界のようではないか。

Ⅲ 『パワー・オブ・ザ・ドッグ』――作品の豊かさと批評の貧しさ

ジェーン・カンピオンの映画界への帰還

まずは、ジェーン・カンピオンが『パワー・オブ・ザ・ドッグ』（２０２１年）を撮るまで長編映画監督として12年間ものブランクが開いたことについて解説しておく必要があるだろう。その間にカンピオンは、長編デビュー作『スウィーティー』（１９８９年）以来の創作におけるパートナー、オーストラリアの小説家で脚本家のジェラルド・リーとともにＢＢＣで芸術性と娯楽性を高い次元で両立させたミステリー作品『トップ・オブ・ザ・レイク』（２０１３〜１７年）のショーランナーを務め、全２シーズン12エピソードの大半で演出を手がけ、今もなお第一線の監督であることを証明してきた。したがって、日本の多くのメディアのように「ジェーン・カンピオン、12年ぶりの新作」と、注釈でも『トップ・オブ・ザ・レイク』にまったく触れずに紹介するのは単純な間違い、あるいは無知であるわけだが、そこには近年の映画界の二つの傾向を見てとることができる。

一つは、2010年代以降、映画界とテレビシリーズの垣根が崩れて、映画界からテレビシリーズへの参入、あるいはテレビシリーズから映画作品への抜擢《ばってき》と、監督も役者もボーダレスに作品を選ぶようになってきてはいるが、それでもテレビシリーズはどんなに高い評価を得ても（『トップ・オブ・ザ・レイク』シーズン1はエミー賞で8部門、ゴールデングローブ賞で2部門にノミネートされ、前者ではキャスティング賞を、後者では主演女優賞を受賞している）、放送局や乱立する配信のプラットフォームによって視聴者数が左右され、ほとんどの作品は映画のような大規模なプロモーション活動をおこなわないこともあって、潜在的な視聴者に隈《くま》なく届けるのは難しいということ。その「潜在的な視聴者」には、メディアや批評家も含まれる。

もう一つは、シリーズ作品、フランチャイズ作品への依存を高めるアメリカの映画会社は、A24のような一部のインディペンデント系映画会社を除いて、2000年代までのように国外の映画監督の発掘に積極的でなくなり、ましてやカンピオンのようなアートハウス系の映画作家が国外で活躍する足場は年々狭まっていること。ちなみに、カンピオンの代表作『ピアノ・レッスン』（1993年）の製作と配給を手がけ、賞レースにおいても大いにその辣腕ぶりを発揮したのは、ハーヴェイ・ワインスタインとその弟ボブ・ワインスタインが設立したミラマックスだった。

カンピオンは『パワー・オブ・ザ・ドッグ』公開時のインタビューで次のように語っている。

「実はこの作品の制作に入る前は、このまま引退しようかと思ってました。テレビシリーズでは複雑で物議を醸すような作品にも挑戦することができます。一方、映画では映画会社の重役が『自分には理解できない』と言った時点で、その企画をそこから進めるのはとても困難です」[*1]

それでも、アメリカの西部劇作家トマス・サヴェージの原作に惚《ほ》れ込んだカンピオンは、ニュージーランド・フィルム・コミッションや、『トップ・オブ・ザ・レイク』で関係性を築いたBBCのバックアップを受けて、2020年1月、母国ニュージーランドで12年ぶりの長編映画の撮影に入った。そこにやってきたのが新型コロナウイルスのパンデミックと、ニュージーランド政府によって発令された欧米諸国よりも厳格なロックダウンだった。

3ヶ月に及んだ撮影中断によって、『パワー・オブ・ザ・ドッグ』は資金難に陥った。そこに救いの手を差し伸べたのがネットフリックスだ。

「ネットフリックスは現代のメディチ家のような存在です。人は潤沢な資金があって初めて、

『パワー・オブ・ザ・ドッグ』　写真提供：Everett Collection/アフロ

美しさの重要性に気づくのです[*2]」

西部劇を再定義する「外」からの視点

カンピオンの言葉の通り、『パワー・オブ・ザ・ドッグ』は何よりもまず美しい作品だ。そして、その「美しさ」はカンピオン及び二人の女性の視点によってもたらされたものだ。

一人は本作でカンピオンが抜擢した、撮影当時35歳のオーストラリア人撮影監督アリ・ウェグナー。ジャスティン・カーゼル監督『トゥルー・ヒストリー・オブ・ザ・ケリー・ギャング』（2019年）で伝説的な犯罪者ケリー・ギャングが活躍した19世紀末のオーストラリアの風景を再現していたウェグナーは、今度はニュージーランドの平原を1920年代アメリカ西部の風景に見立てて、カンピオンの厳しい審美的要求に見事に応えてみせた。

もう一人は、その際にウェグナーが参照したフォトグラファー、1894年に28歳でロンドンからアメリカ・モンタナ州へと移り住んだ英国人のエヴェリン・キャメロンだ。『ザ・パワー・オブ・ザ・ドッグ』には過去の西部劇で見過ごされてきたカウボーイとその家族の日常、つまり農場での動物の世話、馬の調教、皮製品の加工、家事に従事する女性たちなどの生活風景が細部にわたって克明に描かれているが、そのレファレンスとなったのは、キャメロンが撮った当時のモンタナの景色、そしてそこで生活する人々や動物を捉えた写真の数々だった。

言うまでもなく、映画史的に重要な西部劇の監督と撮影監督はほとんど全員が男性だった。『パワー・オブ・ザ・ドッグ』の画期性は、カンピオンを含め約1世紀の時を超えた三人の女性の視点、付け加えるなら三人の外国人の視点という、二重の意味で「外」から西部劇を再定義しているところにある。1993年に『ピアノ・レッスン』で女性として初めてカンヌ映画祭のパルム・ドールを受賞した監督となって以来、カンピオンは意識的かつ継続的に自作の制作現場に女性のスタッフを数多く起用してきた。また、彼女は長年にわたって、母国ニュージーランドやオーストラリアの若い映画人の育成に情熱を注いでいる（ネットフリックスから資金提供を受ける際にも、ニュージーランドの映画教育機関へのサポートの約束を取り付けている）。確かに本作が高く評価され、多くの観客から支持された背景には、#MeTooムーブメント以降の追い風もあっただろう。しかし、実際にはそれよりもはるかに長い射程の中で実現に漕ぎ着けた作品であることは、強調しておく必要がある。

流行語としての「有害な男らしさ」

近年、映画批評や映画関連の記事などで頻繁に使用されるようになった「トキシック・マスキュリニティ」という言葉。『ジョーカー』、『アイリッシュマン』、『マリッジ・ストーリー』、『アド・アストラ』などの作品を筆頭に、男性主人公の「男らしくあらねばならない」という社会的、あるいは家庭内の呪縛に起因する負の側面を描いた作品が相次いで公開された2019年には、「その年の映画界を表す言葉」として大手映画メディア[*3]がまるで流行語のようにこの言葉を喧伝《けんでん》するようになった。その背景には、大統領選がおこなわれる年ならではのリベラル・メディアにおける反トランプ・キャンペーンという意味合いもあったわけだが、そんなアメリカの内政事情とは関係がない日本のメディア上でも、「有害な男らしさ」という訳語を当てはめて、その論調をそのまま流用したような文章を目にする機会が増えた。『パワー・オブ・ザ・ドッグ』に関しても、その言葉を使用していない作品評を探すのが難しいくらいだ。

確かに、ベネディクト・カンバーバッチ演じるフィル・バーバンクの日常の振る舞い、特に作品の「語り手」的役割を担っているコディ・スミット＝マクフィ演じるピーター・ゴードンに対する態度は、典型的な「有害な男らしさ」を体現したものだ。しかし、カンピオンの過去の多くの作品と同じように——単純な犯人探しや動機探しではないものの——物語としてはミステリーとしての構造を持つ『パワー・オブ・ザ・ドッグ』において、そうした登場人物の性格付けは物語の入口にしか過ぎない。どうしてフィル・バーバンクはあのデフォルメされたような「有害な男らしさ」を身に纏《まと》うようになったか。そして、どうして彼はその「有害な男らしさ」の対極にいるかのようなピーター・ゴードンに心を乱され、やがて心を許すようになり、最終的にどのような仕打ちを受けたか。まるで途中で作品のジャンルが変わったかのように、前半と後半でまったく違う様相を見せていく『パワー・オブ・ザ・ドッグ』において、「有害な男らしさ」は男性性の傾向として一般化できるようなものではなく、どこまでもフィル・バーバンクという個が抱えた入り組んだ事情の表出として描かれている。それにもかかわらず、作品の「紹介」としてその言葉に触れるのならまだしも（それでも北米では2019年に「流行語」として消費され尽くした言葉であるという認識は前提として必要だが）、その言葉でフィル・バーバンクというキャラクターの何かを「解説」したつもりでいるならば、それは作品に対する冒《ぼう》瀆《とく》ですらあるだろう。

実際、『パワー・オブ・ザ・ドッグ』のプロモーション[*4]でジャーナリストからその言葉を投げかけられたカンピオンも、困惑の意を示しながらこのように語っている。

「一般にカウボーイは自然と共存する生活、シンプルな生活をしてきた人たちだと思われています。しかし、『パワー・オブ・ザ・ドッグ』のバーバンク家はモンタナ州で最も大きな牧場を持っているとても裕福な家族なのです。そして、そこでの本当の問題は、『男らしさ』ではなく、彼らが大きな権力を握っているということに由来します。それは女性であっても同様です。人は権力を持った時、それをどのように行使するか？　どんな時代であっても、そのことが重要な問題なのです」

ページビューを稼いで名を上げるのが目的の「社会派」ライターならともかく、映画を専門とする書き手の責務は、ポリティカル・コレクトネスの扇動者になるのではなく、それを「流行語」として並行輸入する際の解説屋になるのでもなく、もちろんそこで反動的な振る舞いや言説を振りまくのでもなく、作品に込められた作者の真意と、作品が持つ社会的意義を、監督のそれまでのキャリアの縦軸と、同時代の作品の横軸の中から浮き上がらせることなのではないだろうか。「有害な男らしさ」という言葉で何かを言った気になることこそが、映画にとって有害だ。

Ⅳ 『カモン カモン』――次世代に託された対話の可能性

ストレートの白人中年男性であること

「この時代に、自分のようなストレートの裕福な白人の中年男性が主人公の映画を撮っても、誰からも相手にされないからね」

『20センチュリー・ウーマン』(2016年)が日本公開されるタイミングに自分がおこなったインタビュー[*1]で、マイク・ミルズはそう語った。制作時期としてはちょうどブラック・ライブズ・マターのムーブメントが最初のピークを迎えていた頃で、#MeToo ムーブメントが巻き起こる直前、「トキシック・マスキュリニティ」という言葉が映画関連の文脈の中で盛んに語られるようになる数年前のことだったが、ミルズは時代の大きな変化を敏感に、そして正確に感じ取っていた。日本人のジャーナリストが相手ということでガードが緩んでいたのかもしれないが、ため息混じりで発せられたそのミもフタもない実感のこもった言葉の重みを、今も忘れることができない。

確かに、スーパーヒーロー映画やアクション映画は別として（いや、もはやそれらさえ別ではないが）、近年、映画の中では白人男性が中心的な存在として描かれることが減っている。特にミルズが属しているようなアートハウス系映画の世界では、半自伝的、私小説的、自己言及的な作品が長年大きな幅を利かせてきたわけで、それは映画作家の存在意義に直結するような事態なのだろう。ポリティカル・コレクトネスが進行し、作品の内外でそれまでの人種やジェンダーのバイアスが是正されていく中で（もちろんそれ自体は「正しい」ことだ）、映画界においてこれまでメインストリームを担ってきた「ストレートの白人中年男性」は、自身のアイデンティティを見つめ直す必要に迫られている。

ミルズは一貫して半自伝的な作品を撮り続けてきた作家だ。長編デビュー作『サムサッカー』（2005年）はウォルター・キルンの原作に自身の幼少期の経験を折り込んだ作品、『人生はビギナーズ』（2010年）は母親に先立たれた後にゲイであることをカミングアウトした父親と自分の関係についての作品、『20センチュリー・ウーマン』はティーンの頃に自分を「育てて」くれた母親、姉、ガールフレンドをはじめとする女性たちをモチーフにした作品だった。つまり、「パーソナルな作品」を作り続けながらも、巧妙に「ストレートの白人中年男性」としての自分自身に焦点を当てることは避けてきたわけだ。

ラジオでフリーランスのジャーナリストをしている『カモン カモン』（2021年）の主人公ジョニーは、40代の白人中年男性。本作で描かれた甥《おい》との共同生活には、ミルズが子育てをしてきた過程で体験したことが随所に反映されているという。つまり、5年前に「ストレートの裕福な白人の中年男性が主人公の映画を撮っても、誰からも相手にされない」と語っていたミルズは、本作で初めて「ストレートの白人中年男性」を作品の中心に据えたわけだ。

『ジョーカー』からの転換

そんな「ストレートの白人中年男性」であるジョニーを演じているのが、あのホアキン・フェニックスであることも示唆に富んでいる。それまで積み上げてきた役者としてのキャリアすべてを賭け金にして挑んだかのような怪作『容疑者、ホアキン・フェニックス』（2010年）で、リアリティショーとフェイクニュースの時代をいち早く体現してみせたフェニックスは、2010年代を通じて同世代における最高の怪優としての地位を確立してきた。そして臨んだのが、「ストレートの白人中年男性」の負の側面を凝縮したインセル（不本意な禁欲主義者）の象

『カモン カモン』　写真提供：Everett Collection/アフロ

徴となって、公開後に世界中でそのフォロワーによる犯罪行為が続発したことで社会問題にもなった『ジョーカー』だった。同作はフェニックスに初のアカデミー主演男優賞をもたらしたわけだが、配給のワーナー・ブラザース・ピクチャーズからもファンからも熱望されていた続編の製作に対して、監督のトッド・フィリップスともども、当初は慎重な姿勢を示していた。ジョーカーというキャラクターを撮ること、演じることは、それだけ監督にとっても役者にとっても精神的負担が大きいのだろう。ようやく2022年8月になって、2024年秋に公開が予定されている続編は、ハーレイ・クイン役にレディー・ガガを迎えたミュージカル作品になるという第一報が届いた。もっとも、意図的にリークされたと思われるものも含む撮影現場の動画や写真、そしてクランクアップ時にレディー・ガガ本人が公開した自身のポートレートは、とてもミュージカルとは思えない不穏な予感に満ちたものばかりだったが。

ミルズが意を決してこれまで避けてきた領域へと踏み込み、フェニックスが「間違い」ばかりを犯す作品でもあった『ジョーカー』のリハビリとして選んだ『カモン カモン』は、2020年代において「ストレートの白人中年男性」を主人公にした映画として、いかに「未来」や「希望」を描くかという試みだ。そこでミルズは、主人公を「アメリカの各都市を移動しながらそこで生活する子供たちにインタビューする」という、それでどうやって生計を立てているのかわからないような不思議な仕事に就かせた。本作に収録されているインタビューはどれも一般人の子供たちを相手におこなわれたリアルなものだが、その前提となっている設定そのものがファンタジーとなっているわけだ。ちなみに、劇中でインタビューを受けた子供の中には「あ、ジョーカーの人だ！」とジョニーを演じるフェニックスに反応した子供もいたとのことだが、もちろんそのようなシーンは本編では採用されていない。

『ジョーカー』の主人公アーサーは典型的な「コミュ障」だった。自分の話を聞かせることよりも観客とのコミュニケーションこそが肝となるスタンドアップ・コメディアンを志しながらも、アーサーは職場の同僚とも母親とも想《おも》いを寄せる異性とも、ほとんどまともにコミュニケーションをとることができず、自分勝手な妄想を膨らませ、その必然的な帰結として凶行に走った。対して、『カモン カモン』の主人公ジョニーは人の話を聞くことそのものを職業としていて、そこで相手を尊重しながらじっくり対話をして、それを録音してラジオの電波を通して発信していく。対話の冒頭、子供たちはこう告げられる。「これから君にいくつか質問する。正しい答えも間違った答えもない」。

正しい答えも間違った答えもない

2017年にハリウッドで #MeToo ムーブメントが起こって以降、多くの「キャンセルされるべき」プロデューサーや役者（そのほぼ全員が白人男性だ）が映画業界を追われ、映画やテレビシリーズの制作現場ではハラスメント対策や多様性担保のための新しい制度や試みが導入され、女性や人種的マイノリティや性的マイノリティを主人公とする作品の比率は飛躍的に増えた。その一方で、「キャンセルされるべき」人物の後押しによってキャリアの足場を築いた者たちや、家族を含むその周囲にいた者たちの間には、ちょっとした失言や軽口さえも許されない空気が張り詰め、そこで迂闊《うかつ》に口を滑らせた人々は数年にわたってさまざまな局面でライトなキャンセル状態に追い込まれるようになった。それは、まさにミルズやフェニックスの周囲でも起こっていたことである。

「これから君にいくつか質問をする。正しい答えも間違った答えもない」。その言葉をそのまま素直に受け止めて、本当に自分の思っていることを話すことができるのは、現代社会においてはもはや子供たちだけの特権かもしれない。いや、ローティーンの頃にネットにアップした動画が数年後に炎上して謝罪に追い込まれるようなポップスターを見ながら育った彼ら彼女らの中には、大人たちのように口をつぐむことを処世術として身につけている子供もたくさんいることだろう。『カモン カモン』のエンドロールに入る直前、画面が音声とクレジットだけに切り替わった後に「スーパーヒーローのようなパワーがあったらどんな力で何をしたい?」と質問された女の子は次のように答える。「多分、その力は使わないと思う。自分自身でいることがパワーだから」。

主人公ジョニーだけでなく『カモン カモン』に出てくる大人たちは一様に、個人的な大きな問題を抱えていて、何かを諦めてしまった後のような鎮痛なムードに深く包まれている。人々が「正しい」か「間違っている」かばかりを気にするようになって、マスメディアや会社や学校といった公の場が奇妙な静けさに包まれるようになったこの世界。その反動で、ソーシャルメディアではますます攻撃的な言葉が吹き荒れているこの世界。まるでボトルに入れたメッセージを荒涼とした海原に放つように、『カモン カモン』はそんな世界の「未来」に向けて、ハッシュタグやプラカードに書かれたような言葉ではなく、誰もが自分自身の言葉で、わかり合えない他者との対話ができる日がやってくることを切実に願った作品だ。

第二章　スーパーヒーロー映画がもたらした荒廃

Ⅰ 『ブラック・ウィドウ』――マーベル映画の「過去」の清算

乱発されるテレビシリーズとマルチバース展開

前人未到の初動記録を打ち立てて、世界中の観客からほぼ絶賛一色の熱狂的支持を受けた『アベンジャーズ／エンドゲーム』（2019年）。あれからたったの3年で、つまり『ブラックパンサー／ワカンダ・フォーエバー』でMCUのフェーズ4が幕を閉じた段階で、何もかもが変わってしまった。その主な要因は五つ。「ディズニープラスにおけるユニバース作品のテレビシリーズ量産」「作品のマルチバース展開」「米中対立の激化」「新型コロナウイルス・パンデミックの影響」「急進的なポリティカル・コレクトネスの追求」だ。それらはそれぞれが複雑に絡み合っているので、一つずつ解きほぐしていこう。

「何もかもが変わってしまった」要因として真っ先に挙げられるのは、これまでのシリーズの大団円『アベンジャーズ／エンドゲーム』、そしてその余韻も冷めやらぬ2ヶ月半後に公開されたソニー・ピクチャーズ配給『スパイダーマン：ファー・フロム・ホーム』（2019年）をもってフェーズ3を完了したMCUが、フェーズ4からは映画と並行してディズニープラスからテレビシリーズを次々に世に送り出すようになったことだ。ディズニープラスの北米でのサービス開始は2019年11月。MCUの最初のテレビシリーズ『ワンダヴィジョン』（2021年）が配信されたのは、日本を含むディズニープラスのグローバル展開がひと段落した2021年1月。新型コロナウイルスのパンデミックによって作品の順番やスケジュール全体に混乱は生じたものの、大筋としてはディズニーの予定通りに進んでいたわけだが、いざ毎週のようにテレビシリーズの新しいエピソードが配信されるようになると、ディズニープラスの契約者はその濁流のような作品の「量」に飲み込まれていくことになった。

MCUのフェーズ3までの23作品の合計時間は49時間56分。それに対して、フェーズ4は映画とテレビシリーズを合わせると60時間以上。つまり、フェーズ1からフェーズ3までの11年強の間に製作された作品の総時間を、2年弱の期間に公開&配信されたフェーズ4の総時間は大幅に上回ったことになるわけだ。『アベンジャーズ／エンドゲーム』公開時には「作品を存分に楽しむために、これまでの22作品すべて観ておいた方がいい」と盛んに語られたものだったが、フェーズ4が終わった時点で同じようなことを言われたら、新規の観客はお手上げだろう。しかし、困ったことにテレビシリーズ『ワンダヴィジョン』を見ていなければ映画『ドクター・ストレンジ／マルチバース・オブ・マッドネス』（2022年）でどうしてワンダがヴィラン（敵役）になるのかさっぱりわからない、テレビシリーズ『ロキ』（2021年）を見ていなければ映画『アントマン＆ワスプ：クアントマニア』（2023年）のポストクレジットシーンでどうしてロキが出てくるのかさっぱりわからない、といったような事態が各作品のいたるところで現実に発生している。

複数の並行世界が交差する「マルチバース」が作中で展開される映画『スパイダーマン：ノー・ウェイ・ホーム』（2021年）にいたっては、ソニー・ピクチャーズによるこれまでのスパイダーマン5作品、さらにはネットフリックスで製作されたテレビシリーズ『デアデビル』（2015～18年）まで予習しておかないと、劇中に仕込まれたいくつものサプライズに盛り上がれない。『ドクター・ストレンジ／マルチバース・オブ・マッドネス』でタイトルにも用いられている「マルチバース」については、今後のMCUがどこまで本腰を入れて取り組んでいくのか現時点では判断がつかない。映像作品に原作コミックではお馴染《なじ》みのマルチバースの概念を導入したのは、長期的には、コミックにおいて「アベンジャーズ」シリーズ以上の広がりを持つ「X-MEN」シリーズのキャラクターとの本格的なクロスオーバーも見据えての施策だろうが、果たして2024年後半以降に予定されているというその「合流」までどれだけの観客・視聴者が振り落とされずについていけるのだろうか？

ディズニーの誤算

２０１８年に講じられた米国による中国に対する追加関税措置に端を発する米中関係の悪化を受けて、ＭＣＵのフェーズ４の最初の映画作品『ブラック・ウィドウ』（２０２１年）から、ソニー・ピクチャーズ配給作品を含むすべてのＭＣＵ作品は中国での公開許可が下りなくなった。その直前の作品でいうと、『アベンジャーズ／エンドゲーム』の全世界興収の約22％[*1]、『スパイダーマン：ファー・フロム・ホーム』の全世界興収の約18％[*1]が中国国内の興収だった。つまり、ＭＣＵ映画はフェーズ４以降、潜在的なマーケットの少なくとも約20％を失ったことになる。ディズニーとしては主要キャストをアジア系の役者たちが担っている『シャン・チー／テン・リングスの伝説』（２０２１年）や『エターナルズ』（２０２１年）をきっかけにして、急速に拡大していた中国での動員をこれまで以上に見込んでいたに違いないので、その損失は20％どころではなかっただろう。２０２３年２月以降、北米から３ヶ月遅れて『ブラックパンサー／ワカンダ・フォーエバー』が、それに続いてフェーズ５第１作の『アントマン＆ワスプ：クアントマニア』が中国でも公開される運びとなったが、新作公開が途絶えていた３年半の空白はすぐには埋まらないだろうし、高まり続ける米中の政治的緊張関係の中で今後も不安定な状態は続くだろう。それに加えて、2022年のロシアによるウクライナ侵攻によって、近年マーベル作品が着実に興収を伸ばしていたロシアのマーケットを失ったことも、今後のMCU作品の作劇やキャスティングや映像化の優先順位、さらにはヴィランのキャラクター設定にまで大きな影響を及ぼすことになるに違いない。

新型コロナウイルスのパンデミックでは、新作の公開延期や配信プラットフォームへの権利売却、撮影の中断、企画の見直し、そしてパンデミック収束後も長引いた「観客の劇場離れ」において、例外なくすべての映画会社が多大な損害を被ったわけだが、ディズニーの場合は事情が異なる。ローンチされたばかりのディズニープラスにとって、サービス対象地域（もちろんそこにも中国は入ってないわけだが）の人々の「巣ごもり需要」は千載一遇のチャンスとなったからだ。しかし、そのことが『ブラック・ウィドウ』に後味の悪い「後日談」をもたらすこととなった。

パンデミックによる再三の公開延期を経て、2021年7月9日に『ブラック・ウィドウ』が全米公開、及びその同日にディズニープラスで有料配信されたことを受けて、その20日後に主演のスカーレット・ヨハンソンは契約違反でディズニーを訴えたのだ。ヨハンソンの主張は、

『ブラック・ウィドウ』　写真提供：Everett Collection/アフロ

観客がディズニープラスでの視聴に流れたことによって、劇場での興行収入からの歩合で受け取る成果報酬が大きく失われたというものだ。報道[*2]によると、その想定被害額は5000万ドル以上にも及ぶという。

一つの作品における一人の役者の損害が5000万ドルということ自体が、まるで別の惑星の話のようではあるが、まずはヨハンソンにとって今回の『ブラック・ウィドウ』がどういう作品であったかを改めて位置付けたい。2010年公開の『アイアンマン2』（2010年）でMCU作品に初登場して、2019年公開の『アベンジャーズ／エンドゲーム』で命を落としたナターシャ・ロマノフ＝ブラック・ウィドウを演じてきたヨハンソンは、MCUの第一期アベンジャーズ・アクターの中ではトニー・スターク＝アイアンマンを演じたロバート・ダウニーJr.に続く古参。『アベンジャーズ／エンドゲーム』終盤の主要キャラクターだけでなく過去のサブキャラクターまで勢揃《せいぞろ》いしてのトニー・スタークの盛大な葬儀シーンでは「えっ、ナターシャのことはスルーなの？」と不憫《ふびん》に思った観客も多かったはずだが、マーベル・スタジオがそのちょうど一年後にナターシャのフェアウェル・イベントとして用意していたのが、もしパンデミックがなければ2020年5月に公開される予定だった今回の『ブラック・ウィドウ』ということになる。

そうした経緯で製作されることとなった『ブラック・ウィドウ』におけるヨハンソンは「主演女優」だけではなく、エグゼクティブ・プロデューサーの一人として作品全体を統括する役割も担っていた。これまでロバート・ダウニーJr.やスティーブ・ロジャース＝初代キャプテン・アメリカを演じたクリス・エヴァンスでさえ製作サイドにクレジットされることがなかったことを考えると、「映画界における女性の地位向上」という点でもヨハンソンが成し遂げたことの大きさがわかるだろう。後にヨハンソンは、『アイアンマン2』でのナターシャ・ロマノフの性的な魅力を強調した描き方についてマーベル・スタジオ現社長のケヴィン・ファイギに直接苦言を呈したことがあるとポッドキャストで明かしているが、[*3] MCU作品に初登場してから約10年を経て、ようやくエグゼクティブ・プロデューサーのポジションを手に入れたわけだ。

トニー・スタークは「あれが欲しい」と言った

それにしても、改めて『アイアンマン2』でのナターシャ・ロマノフの初登場シーンを観直してみると、この10年でいかにマーベル作品が、そしてハリウッドが変化してきたかを痛感しないわけにはいかない。登場時にはナタリー・ラッシュマンと名乗っていた彼女は、胸元が開いたシャツを着て、スターク・インダストリーズ法務部の社員としてトニー・スタークの前に現れる。ボクシングのリングでエクササイズ中のトニー・スタークは、彼女に対してリングに上がるよう高圧的に指示し、リング上で全身を舐《な》め回すように見ると、秘書ポッツにすぐに自分のアシスタントにしたいと告げる。その場でトニー・スタークが彼女の名前をネットで検索すると、東京でファッションモデルをやっていた頃の下着姿の写真がヒット。一応アリバイ的にポッツはスタークに「法律の専門家だからセクハラをすると高くつく」と忠告をするものの、その一連のシーンにおける最後の台詞《せりふ》はスタークがポッツに呟《つぶや》く「あれが欲しい（I Want One）」だ。現在のハリウッド映画のコードに慣れた目からはギョッとせずにはいられないが、2010年にはこうした描写が許されていたどころか、色男トニー・スタークの「チャーミングさ」

として多くの観客から支持されていたのだ。

近年のMCU作品に対しては、物語の設定やキャスティングの段階から人種やジェンダーに関連するポリティカル・コレクトネスに配慮しすぎていて、それが作品そのものをスポイルしているという批判が一部にある。しかし、マーベル・スタジオが急進的にも思えるほどポリティカル・コレクトネスに対して能動的なアクションを起こしている背景には、パラマウント・ピクチャーズ及びユニバーサル・スタジオからウォルト・ディズニー・スタジオに移る前の作品（『キャプテン・アメリカ／ザ・ファースト・アベンジャー』（2011年）まで）、あるいはドナルド・トランプの政治資金提供者としても知られるマーベル・エンターテインメント元CEOアイザック・パルムッターが企画監修に関与していた作品（『アントマン』（2015年）まで）に、同時期のほかのハリウッド映画と比べてもジェンダー問題や人種問題の配慮が欠けている部分が多々あったことをふまえる必要があるだろう。ケヴィン・ファイギが全権を掌握するようになってからのMCU作品は、自分たちが作ってきた過去の作品に対する自己批判でもあるのだ。マーベル・スタジオはDCフィルムズの『ワンダーウーマン』（2017年）から遅れること2年、2019年になってようやく初めて女性監督による女性スーパーヒーロー作品『キャプテン・マーベル』（2019年）を発表することになる。そして、そんなマーベル・スタジオの歩みをずっと内側から見てきた唯一の女性主要キャストがヨハンソンだった。

『ブラック・ウィドウ』には、『アイアンマン2』での初登場シーンとは別の意味で――いや、同じ意味と言えるかもしれないが――ギョッとせずにはいられないシーンがある。終盤、ナターシャ・ロマノフが醜く太った白髪で初老の白人であるドレイコフと二人きりで彼の執務部屋で対峙《たいじ》するシーンは、否《いや》が応《おう》でもハーヴェイ・ワインスタインと彼の部屋に呼び出された若手女優や女性従業員たちとのエピソードの数々を思い起こさせる（よりによって、そこでドレイコフは耳の後ろから出る「フェロモン」で相手をコントロールしようとする）。さらに、空中の「孤島」として描かれるドレイコフの組織レッドルームでは、年端もいかない少女たちが拉致され、組織に従順な「ブラック・ウィドウ」として養成されている。これはどこからどう見ても、長年にわたって少女たちへの性的暴行と売春の斡旋《あっせん》をおこなっていた実業家ジェフリー・エプスタインと、その数々の悪事の拠点となったリトル・セント・ジェームズ島のアナロジーだろう。作中でのドレイコフの加害対象は常に少女や若い女性であり、同じように彼の支配下にいたはずのアレクセイ・ショスタコフ＝レッド・ガーディアンは悲壮感とは無縁どころか、「ドレイコフの元仲間」といったニュアンスで描かれている。

補足をすると、ワインスタインにとってハリウッドに君臨する足がかりとなり、その後帝国を築くことになったミラマックスを18年間（1993～2010年）にわたってサポートしてきた親会社は、ほかでもないディズニーだった。ワインスタインは2005年に同社を去り、それと同時にワインスタイン・カンパニーを設立しているが、彼が告発された数ある性犯罪（もしくは性犯罪疑惑）のかなりの部分はミラマックスの設立者として同社でプロデューサーを務めていた時代のものだ。また、ディズニーはクルーズビジネス部門であるディズニー・クルーズ・ラインを通してエプスタインと間接的な協力関係にあったことが、数々のメディアを通して報じられている。

さらに複雑なのは、ヨハンソンは友人でもあるワインスタインの妻（当時）、ファッションデザイナーのジョージナ・チャップマンへのサポートを表明した数少ない有名人の一人であったこと。そして、女優と監督の関係として数々の作品をともにしてきたウディ・アレンに対しても、養女虐待疑惑によるキャンセル騒動の渦中で「彼のことを信じている」と明言した数少ない映画人の一人でもあったことだ。

MCUフェーズ4の映画作品が『ブラック・ウィドウ』から始まるとアナウンスされた時、このタイミングで物語の時間を遡って、全宇宙の半分の人口を5年間消滅させたサノスのスナップ（指パッチン）以前の世界が舞台の作品を世に送り出すことに違和感を覚えた人は少なくないのではないか。しかし、そうした作品外の背景まで考えると、『ブラック・ウィドウ』には「過去」を清算する作品という意味を見出《みいだ》さずにいられない。ここでいう「過去」とは、ブラック・ウィドウにとっての「忘れたい過去」だけでなく、作中で当たり前のことのようにセクシャルハラスメント的言動が描かれ、女性の監督や女性のスーパーヒーローに活躍する機会を与えず、傘下の映画会社ではドレイコフばりの数々の悪事が繰り広げられてきた、マーベル・スタジオとディズニーの「過去」のことでもある。本作でハリウッド作品初進出を果たしたオーストラリア人監督ケイト・ショートランドの前作『ベルリン・シンドローム』（2016年）が、拉致被害者となった女性の葛藤と、男性による支配からの解放を描いた作品であったことも、決して本作のストーリーと無縁ではないはずだ。

だからこそなおさら、ディズニーはヨハンソンと悔恨を残すようなことをするべきではなかった。ヨハンソンに訴えられた当初、ディズニーはディズニープラスでの有料配信からも契約に応じた出演料が発生するため契約違反には当たらないとメディアを通して反論をしていたが、その2ヶ月後にヨハンソンとの和解に応じた（和解内容は非公表）。ヨハンソンが提訴した後、彼女への支持を表明したMCU作品に出演中の役者は、ワンダ・マキシモフ＝スカーレット・ウィッチを演じているエリザベス・オルセン、ただ一人だった。

「サノスのスナップ」以降、本当に消えたもの

物語の時間を巻き戻して、ナターシャ・ロマノフが自身の陰惨な過去と決着をつける姿を描いた『ブラック・ウィドウ』において、MCUの未来を体現していたのがフローレンス・ピュー演じるエレーナ・ベロワだ。そのユーモアに溢《あふ》れながらも強《したた》かで意志の強いキャラクターは、ナターシャ・ロマノフやワンダ・マキシモフに代表されるそれまでのMCU作品で悲劇的な運命に翻弄されてきた女性キャラクターたちを礎にして生み出された新世代の象徴と言っていいだろう。ハリウッドのトップ女優として多忙なスケジュールを縫って『アイアンマン2』から10年以上にわたってナターシャ・ロマノフ役をやりきったヨハンソンから、次世代トップ女優への道を邁進《まいしん》中のピューへのバトンタッチは、もっと湿っぽいムードになってもおかしくなかった（なにしろ我々はナターシャ・ロマノフがすでに亡くなっていることを知っているのだ）『ブラック・ウィドウ』の物語上の救いとなっただけでなく、フェーズ4以降のMCUに大きな期待をもたらしてくれるものだった。

しかし、そこからさらに約1年を経てふと気がついてみると、MCUのスーパーヒーローの世代交代、そしてジェンダー交代は多くのファンが想像していた以上にドラスティックなもの

となっている。フェーズ4に入ってから、アベンジャーズのオリジナルメンバー6人だけに絞ってみても、アイアンマンからアイアンハート（『ブラックパンサー／ワカンダ・フォーエバー』）、キャプテン・アメリカからファルコン（テレビシリーズ『ファルコン&ウィンター・ソルジャー』）、ハルクからシー・ハルク（テレビシリーズ『シー・ハルク：ザ・アトーニー』）、ソーからラブ（『ソー：ラブ&サンダー』）、ホークアイからケイト（テレビシリーズ『ホークアイ』）への継承、あるいは継承に向けての過程が描かれてきた。つまり、6人のうち女性はブラック・ウィドウ1人だけだったのが、今後はその比率がちょうど反転して6人のうち5人が女性になるかもしれないのだ。

また、フェーズ4に入ってから政治的な理由によって中国やロシアで作品の公開自体が不安定になっているのは前述した通りだが、『エターナルズ』、『ドクター・ストレンジ／マルチバース・オブ・マッドネス』、『ソー：ラブ&サンダー』（2022年）の3作品はLGBTQ+のキャラクターや関連描写のためサウジアラビア、バーレーン、オマーン、クウェート、カタールなどの中東地域の国々で公開禁止となった。

これまでほとんど男性だったスーパーヒーローを女性のキャラクターに置き換えていくことは、ディズニーの急進性というだけでなく、マーベルの原作コミックでも進行してきたことであり、この流れは不可逆なものとして今後も続いていくだろう。また、近年のディズニー作品の傾向（同様の理由で公開禁止になった作品はマーベル・スタジオ作品だけではない）をふまえると、イスラム圏の文化に合わせてＬＧＢＴＱ＋のキャラクターや関連描写を減らすとは考えにくい（『ブラックパンサー／ワカンダ・フォーエバー』と『アントマン＆ワスプ：クアントマニア』の公開後に明らかになったように、一部シーンをカットして公開に漕ぎ着けることはあるかもしれないが）。

そもそも、ディズニーはディズニープラスをローンチした際、国外のマーケットを明らかに軽視するような施策をとってきた。２０１９年11月にサービスがスタートした時、その対象地域は北米とオセアニア地区を中心とする６ヶ国のみ。ヨーロッパの主要国が対象地域に入るようになったのが２０２０年３月。日本でローンチしたのが２０２０年６月。映画も含むフェーズ４最初の作品となった『ワンダヴィジョン』の配信が始まった２０２１年１月の時点でも、韓国やタイやマレーシアのようなアジアの主要マーケット国でさえディズニープラスのサービスはスタートしていなかった。

『アベンジャーズ／インフィニティ・ウォー』（２０１８年）のラスト、サノスは全宇宙の半分の人口を消滅させた。スーパーヒーローたちの活躍によってその５年後（劇中時間）に宇宙の人口は元通りになったが、多くの男性スーパーヒーローたちはディズニーが推し進める世代交

ーム』の権利を有するディズニー（本作では利益の25％を受け取る契約をソニー・ピクチャーズと締結している）の作品であるという事実だ。穿った見方をするなら、どうせ当たらないけれど劇場公開しなくてはいけない傘下の20世紀スタジオ作品を、『スパイダーマン：ノー・ウェイ・ホーム』というモンスター作品の生贄《いけにえ》に差し出したようでさえあった。

年が明けてからも、「ニューヨーク・タイムズ」紙は「『パラサイト 半地下の家族』や『フォードvsフェラーリ』が大ヒットした2年前までの世界はもう二度と戻ってこないだろう」とマーケットの急速な変化を分析したコラムを掲載し、[*1]「エンターテインメント・ウィークリー」誌は「自分が撮った『アルゴ』のような映画がもう劇場作品として作られることはない。今後、ああいう大人向けの作品はストリーミングサービスのリミテッドシリーズとして作られるようになる。映画館で上映される新作のほとんどは、MCUの展開を楽しみにしているような若者向けのものになっていくだろう」と語るベン・アフレックのインタビューを掲載した。[*2]

漁夫の利を得たソニー・ピクチャーズ

DCコミックと並ぶアメリカン・コミック界二大巨頭のマーベル・コミックの原作映画化権は、長年、複数のメジャースタジオに分散していた。大きな変化が起こったのは、ディズニーがスパイダーマン関連キャラクターの権利を所有するソニー・ピクチャーズとMCU作品でスパイダーマンのキャラクターを使用するライセンス契約を結んだ2015年。そして、ディズニーによる20世紀フォックス（現20世紀スタジオ）の買収が完了した2019年。前者の契約を受けて、MCUフェーズ3の最初の作品『シビル・ウォー／キャプテン・アメリカ』（2016年）にトム・ホランド演じるピーター・パーカーが初登場。後者の買収を受けて、ディズニーはこれまで20世紀フォックスが映画化してきた「X-MEN」シリーズ、コミックではX-MENの一員である「デッドプール」シリーズ、「ファンタスティック・フォー」シリーズの映画化権を手中に収めた。

と、そこまでの見え方は明らかに、2010年代以降のマーベル作品の映画化において独り勝ち状態となっていたディズニーの軍門にライバルのメジャースタジオ各社がくだったかのようであった（実際に20世紀フォックスは買収されたわけだが）。しかし、ソニー・ピクチャーズ配給のジョン・ワッツ監督&トム・ホランド主演の「スパイダーマン」シリーズはその後、8億8000万ドル（『スパイダーマン：ホームカミング』（2017年））、11億3200万ドル（『スパイダーマン：ファー・フロム・ホーム』）と興収において目覚ましい成長を遂げることとなり、3作目の『スパイダーマン：ノー・ウェイ・ホーム』にいたっては19億1630万ドル、世界興収歴代6位（当時）、単独スーパーヒーロー作品としてはダントツで世界興収歴代1位の作品となって、2010年代中盤にはアップルへの売却などの噂《うわさ》が絶えなかったソニー・ピクチャーズの経営を立て直す原動力となった。

一方、傘下の20世紀スタジオを通して自由に扱えるようになった「X-MEN」シリーズ、「デッドプール」シリーズ、「ファンタスティック・フォー」シリーズ、そしてネットフリックスからテレビシリーズ化権を引き上げた「ディフェンダーズ」シリーズのキャラクターを、ディズニーのMCU作品はフェーズ4の時点では目先のサプライズ要員としてしか扱いきれていない。現時点においてもスーパーヒーローが増えすぎて収拾がつかなくなっていることを考えると、今後もかなり周到に扱わないとMCUにさらなる混乱を招くことになりかねないだろう。

さらに、ソニー・ピクチャーズのMCU作品の強みは、ディズニーのMCU作品のように、公開から6～7週間でディズニープラスを通して配信されないことだ。ディズニープラスやワーナー・ブラザース（現ワーナー・ブラザーズ・ディスカバリー）系列のHBOマックスのサービスがスタートした2019年当初、ソニー・ピクチャーズのように自前のストリーミングサービスのプラットフォームを持たないメジャースタジオは、ビジネス的に今後大きな遅れをとるだろうと盛んに言われていた。しかし、それから3年が経って、ソニー・ピクチャーズの「すぐには配信リリースしない」「配信リリースをしてからも当面は有料配信」という方針（というか自社のプラットフォームを持たない以上はほかの選択肢がなかったわけだが）は、結果的に劇場サイドや有力な映画監督を筆頭とする製作陣からの支持を集める大きな要因となっている。もともとスーパーヒーロー映画の興行は初動に偏重しているので、ディズニー、そしてDC作品の配給元であるワーナーはそこで大きな影響はないと踏んでいたのかもしれないが、初動の驚異的な勢いだけでなくロングヒットにもなった『スパイダーマン：ノー・ウェイ・ホーム』のような興行は、同じ時期に公開されたディズニーやワーナーの作品では原理的に不可能だった。

際限なく伸びていく作品の尺

『スパイダーマン：ノー・ウェイ・ホーム』の尺は、過去の『スパイダーマン』作品では最長となる2時間28分。このところ、もともと長くなりがちだった大勢のスーパーヒーローが集合するアッセンブル作品以外の単独作品でも、スーパーヒーロー映画の新作が公開される度にシリーズ最長記録が更新されている。例えば、『ブラックパンサー／ワカンダ・フォーエバー』は2時間41分。DC作品の『THE BATMAN ―ザ・バットマン―』（2022年）の尺は2時間56分もあった。興味深いのは、国内外のネット上におけるスーパーヒーロー映画のファンダムの大部分はそれを好意的に受け止めていることだ。バンドやグループアイドルのコンサートが長ければ長いほど、「推し」と時間を共有できたことの満足度が上がるのと似たようなファン心理がそこにはあるのかもしれない（個人的にはどんなライブや映画でも2時間を超えると長すぎると思ってしまうのだが）。もちろん、そこでは1時間30分〜2時間という映画の伝統的な尺から逆算的に編み出された、映画脚本におけるいくつかの基本的なセオリーが顧みられることはない。ウェブでも公開されている『スパイダーマン：ノー・ウェイ・ホーム』の脚本の精巧さには舌を巻くしかないが、それは「よくできた脚本」ではあっても、そのアクロバティックな構成や、過去作品のレファレンスによって可能となったキャラクターの背景描写の大胆な省略は、映画の脚本としてはあまりにもいびつなものだ。

映画を取り巻くメディア環境も、その中心が雑誌からウェブメディアやファンが運営する個人サイトに移行したことで様変わりしつつある。「エンパイア」誌のように30年以上SF作品やスーパーヒーロー作品を中心に取り上げてきたメディアも健在ではあるが、新興の映画メディアの多くがスーパーヒーロー映画に関するリーク情報を売りにするようになっている。ファンが運営する個人サイトや動画サイトも、作品の批評ではなく、もはや解説でさえなく、イースターエッグ（作中に隠されているメッセージや他作品との関連）の考察が中心となっている。そういうファンにとっては、作品が長ければ長いほどイースターエッグの隠し場所が増えるわけで、考察し甲斐《がい》も増すということなのだろう。

これは極端な例ではあるが、一回観ただけで『アベンジャーズ／エンドゲーム』のクライマックスのバトルシーンで何が起こっているかをすべて把握することができる観客は一人もいないだろう。90年代までの作品と比べて、現在のハリウッドのエンターテインメント作品は一つのフレームに込められた情報量が何倍にも増えている。それに加えて、作品自体の尺が伸び、さらに作品のコンテクストを読み解く上では過去のユニバース作品、『スパイダーマン：ノー・ウェイ・ホーム』の場合は一旦は終了した過去のフランチャイズ作品までもが不可欠なものになっている。「今、自分が観ているのは、果たしてこれまで長年慣れ親しんできた映画なのだろうか？」。『スパイダーマン：ノー・ウェイ・ホーム』を最初に観た時に頭に浮かんだ疑問の答えにはっきりと自答するなら、答えはノーだ。現在のスーパーヒーロー作品はユニバース化とマルチバース化を経て、映画とは別の何かにトランスフォームした。

追いやられる監督の作家性

スパイダーマンの新しいシリーズを立ち上げる度に、これまでソニー・ピクチャーズはシリーズ全体を一人の監督に任せるという方針をとってきた。2002年から2007年にかけて3作品製作された「スパイダーマン」シリーズの監督はサム・ライミ。2012年から2014年にかけて2作品製作された「アメイジング・スパイダーマン」シリーズの監督はマーク・ウェブ。数億ドル単位の製作費や宣伝費が肩にのしかかり、その上にコミック時代からのマニアックなファンダムを相手にしなくてはいけないスーパーヒーロー作品は、どんな監督にとっても激しい労力と精神的な消耗を強いる仕事だ。2002年当時すでに監督としての円熟期にあったライミはともかく（それでも3作目『スパイダーマン3』（2007年）は本人も「失敗作」と認めている）、2012年当時まだ30代、それ以前に長編映画は『(500)日のサマー』（2009年）1作品しか撮っていなかったウェブのキャリアは、必然的にそこからまったく想定していなかったであろう別のフェーズへと突入することになった。

「アメイジング・スパイダーマン」シリーズにウェブが抜擢された理由は、批評家筋から絶賛されたスマッシュヒット作『(500)日のサマー』での青春映画の作り手としての手腕を買われてのことだろう。マグワイアからガーフィールドに受け継がれてリブートされたピーター・パーカーの物語は、『アメイジング・スパイダーマン』（2012年）で再びティーンの学園ストーリーとして始動した。ウェブにはスーパーヒーロー映画に不可欠な大がかりなアクションシーンを撮った経験はなかったが、この時代になるとＶＦＸやＣＧＩの技術の進化によって、アクションシーンはアクションシーンに特化したセカンドユニットが分担して受け持つことが可能となった。それによって、スタジオはスーパーヒーロー映画の監督選びにおいて「活劇が撮れる監督」という縛りから解放されて、アクションシーン以外のその作品のジャンルやテイストに合った監督に目を向けるようになった。言い換えれば、まだ若手で活《い》きのいい、ギャラも高くなくてエゴも増大していない監督を選べるようになったということだ。

そんなスタジオにとって都合のいい時代の変化は、監督にとってハリウッドで大きな成功を掴むチャンスにもなり得るが、自身の作家性を確立する上で最も大切な数年間を巨大資本に売り渡すことにもなりかねない。そう考えると、物語にも新しいキャラクターにも焦点が定まりきれていない漫然とした仕上がりとなった『アメイジング・スパイダーマン２』（２０１４年）の批評・興行双方の低迷を受けて、３部作となるはずだったシリーズが打ち切りになったことは、長期的にはウェブにとって不運なことではなかったのかもしれない。ちなみにウェブは新海誠監督『君の名は。』（２０１６年）のハリウッド実写版の監督として一度正式にアナウンスされたが、後に降板している。

ＭＣＵ「スパイダーマン」シリーズの監督に抜擢されたジョン・ワッツも、１作目の『スパイダーマン：ホームカミング』公開当時まだ36歳、それまでに発表した長編映画は『クラウン』（2014年）と『コップ・カー』（2015年）の2作品だけと、キャリアの足がかりとなる作品を撮ったばかりでスパイダーマンの世界に引き込まれたという点でウェブと共通する。ワッツに関して興味深いのは、彼のそれまでの作品はいずれも「父親、あるいは父親的存在に支配されて翻弄される子供」というモチーフを持っていたことだ。それはそのまま、劇中でのトニー・スタークや各ヴィランとピーター・パーカーとの関係にも当てはめることができるし、もっと言うならメジャースタジオとワッツ自身にも当てはめることができるかもしれない。

エイミー・パスカルとファイギという二人の大物プロデューサーからの数々のオーダーをこなしながら、複雑に入り組んだストーリーと次から次へと登場するキャラクターたちの処理に追われ続けた3部作の最後の最後、ワッツはインディペンデント作品時代を思い出させるような繊細な演出を作品に刻印してみせる。恋人のMJや親友のネッドを含めたすべての人間が自分のことを忘れ去ってしまった世界で、「再会の挨拶」のメモを片手に意を決してMJがバイトをするドーナツショップへと向かうピーター・パーカー。ピーターがドーナツショップのドアを開けてMJに恐る恐る話しかけたところで、MJは彼の肩越しにガラスの向こうのネッドに微笑《ほほえ》み、店に入ってきたネッドはそのままピーターの後ろを通り過ぎて奥のカウンターに腰かけ——という一連のアクションに続く、画面の奥行きと表情のクローズアップを見事に捉えた切なすぎる数分間のシーンのことだ。『スパイダーマン：ノー・ウェイ・ホーム』を観終わって、なんだかすごくいい映画を観たような錯覚にあなたが陥ったとしたら、それはこのシーンのせいだろう、と言ったら言いすぎだろうか。

『スパイダーマン：ノー・ウェイ・ホーム』をもって、ひとまずは予定されていた3部作の完結を迎えたMCU「スパイダーマン」シリーズ。『スパイダーマン：ホームカミング』のディベロップが始まった2015年から丸々6年間、ワッツはその3作品に30代半ばから40代に入るまでの自身のキャリアのほぼすべてを捧げたことになる。これはMCU作品に限ったことではないが、一つのフランチャイズ作品を継続的に一人の監督が手がけることになった時、自分がふと想像してしまうのは「もしこの監督がこのフランチャイズに取り込まれなかったら、同じ期間にどんな作品を世に送り出してくれただろう？」というマルチバース的なもう一つの世界のことだ。アクションシーンが監督の仕事からスタジオやVFXチームやCGIチームの仕事へとアウトソーシングされるようになることで、キャリアの浅い監督の青田買いが横行するようになった。テレビシリーズ（ソニー・ピクチャーズもスパイダーマン関連のキャラクターを描く複数のテレビシリーズをディズニープラスの直接のライバルであるアマゾンプライムビデオでスタートさせることを発表している）が乱発されることで青田買いの機会がますます広がっているこの時代、前途有望な監督であればあるほど、これまでの映画監督のようなキャリアを築くのが難しくなっている。

Ⅲ 『ジャスティス・リーグ：ザック・スナイダーカット』――扇動されたファンダム

行き当たりばったりのDCエクステンデッド・ユニバース

ディズニーとソニー・ピクチャーズと20世紀フォックスとネットフリックスに分散していたキャラクターの権利が、ライセンス契約や買収や契約打ち切りを経て一つの大きな流れに統合されつつあるマーベル・コミックの映像作品。対して、DCエンターテインメントの親会社としてDCコミックのすべてのキャラクターを自由に使用できるワーナーは、常に行き当たりばったりなやり方でDCコミック関連の映画やテレビシリーズを世に送り出してきた。そんなワーナーの姿勢は、マーベルにおけるMCUに対応するユニバースの呼称とされてきたDCエクステンデッド・ユニバース（以下、DCEU）が、公式に発表されたものではなく、メディアの使っていた呼称を追認したものであることにも象徴されている。

クリストファー・ノーラン監督の「ダークナイト」トリロジー（2005～12年）、トッド・フィリップス監督の『ジョーカー』、マット・リーヴス監督の『THE BATMAN －ザ・バットマン―』といった監督の作家性が前面に出た作品。さらに単独スーパーヒーロー作品の『ワンダーウーマン』や『アクアマン』（2018年）。2000年代以降のDC映画に限ってみても、大きな成功を収めた作品や高い評価を集めた作品のほとんどがユニバース以外のスタンドアローン作品やスタンドアローンシリーズ、もしくはDCEU作品の中でも独立性の高い作品ばかりだ。一方で、『マン・オブ・スティール』（2013年）、『バットマンvsスーパーマン ジャスティスの誕生』（2016年）、『ジャスティス・リーグ』（2017年）といったユニバースの基幹となる作品にして、DCの二大スーパーヒーローであるスーパーマンとバットマンが活躍する作品に関しては、興収面においても批評面においてもワーナーの想定や期待を下回る結果に終わった。その3作品の監督にして、プロデューサーとして関わった『ワンダーウーマン』や、エグゼクティブ・プロデューサーとして関わった『アクアマン』を含むこれまでのDCEU全体を統括するポジションを担ってきたのが、ザック・スナイダーだ。

本書のコンセプトは、ハリウッド映画の終焉へのカウントダウンが始まったかのような兆候を見せている、2020年代に入ってからの重要作品を取り上げて論考を進めていくというものだが、ここではスーパーヒーロー映画とそのファンダムがもたらした「ハリウッドの荒廃」の象徴として、『ジャスティス・リーグ』から5年の時を経て配信リリースされたディレクターズ・カット版『ジャスティス・リーグ：ザック・スナイダーカット』（2021年）を取り上げる。

ザック・スナイダーのディレクターズ・カット癖

スナイダーがDC作品に初めて関わったのは、アメリカの現代史をベースにスーパーヒーローをメタフィクション的に描いたアラン・ムーアの傑作コミックの映画化作品『ウォッチメン』（2009年）だった。同作はその10年後にデイモン・リンデロフがショーランナーを手がけたHBOのテレビシリーズ『ウォッチメン』（2019年）の先進性と比較すると分が悪いものの、公開時には一定の評価を得て、当時のコミック原作映画の基準では大ヒットと言ってもいい興収を記録した。とりわけ、R指定作品として『マトリックス リローデッド』（2003年）の記録を更新することとなったオープニング成績の高さは、ジョージ・A・ロメロ監督『ゾンビ』のリメイク作品『ドーン・オブ・ザ・デッド』（2004年）、ムーアと並ぶアメリカン・コミックの改革者フランク・ミラー原作の『300〈スリーハンドレッド〉』（2007年）というそれまでの2作品で、スナイダーが熱狂的なファンベースを築いてきたことの証明でもあった。

『300〈スリーハンドレッド〉』以降、ワーナー・ブラザースで継続的に作品を撮り続けていたスナイダーが、再びDC作品を手がけるようになったのは『マン・オブ・スティール』から。『マン・オブ・スティール』のプロジェクトは、『ダークナイト ライジング』(2012年)のディベロップ中に、ノーランとともに同作の原案を手がけていたデヴィッド・S・ゴイヤーがアイデアを思いつき、ゴイヤーが原案と脚本、ノーランが原案とプロデューサーを担うかたちで企画が立ち上がった。オリジナル作品を挟みながらもディベロップ段階から含めると約10年かけて「ダークナイト」トリロジーをやりきったノーランはその後、DCEU作品では『バットマンvsスーパーマン ジャスティスの誕生』と『ジャスティス・リーグ』の2作品でエグゼクティブ・プロデューサーとして名前を残し、ゴイヤーはエグゼクティブ・プロデューサーを務めた『バットマンvsスーパーマン ジャスティスの誕生』でスナイダーと共同で原案、脚本を手がけることになる。一方、『マン・オブ・スティール』の監督選びにおいて当初はワーナーやノーランにとってファーストチョイスではなかったスナイダーは、その後、自身の監督作以外でも『アクアマン』までのすべてのDCEU作品に関わっていくことになる。つまり、ゴイヤーとノーランの企画から始まったDCEUはいつのまにかスナイダーのものとなり、スナイダーは監督作としては『ジャスティス・リーグ』で初めてノーランとゴイヤーの影響下から事実上解放されたわけだ。

けれん味たっぷりのアクションシーンを見せ場として用意しながらも、スーパーヒーローの内面にある葛藤をリアリズム的なアプローチで描いていく「ダークナイト」トリロジーにおけるノーランの手法は、その後のDC作品だけでなくマーベル作品にも大きな影響を与えた。一方、監督としてのスナイダーが得意としているのは明確に前者の「けれん味たっぷりのアクションシーン」の方で、それは見せ場と見せ場を辻褄《つじつま》合わせのようなドラマで繋《つな》いでいくことで悪名高い、『スター・ウォーズ／スカイウォーカーの夜明け』（2019年）でもお馴染みのクリス・テリオが脚本に参画した『バットマンvsスーパーマン ジャスティスの誕生』でより顕著になっていく。

それでも、スナイダーの原作コミックをそのまま絵コンテにしたかのような「再現性」の高い画作りや、劇中に仕込まれた原作コミックファン向けのサービスショット的な小ネタの数々は、DCコミックの熱心な読者を中心とするファンダムからは支持を得ていた。そして、そのファンダムは、ただでさえ2時間32分あった『バットマンvsスーパーマン ジャスティスの誕生』に30分以上の追加シーンを加えたアルティメット・エディションがリリースされると、それを大いに歓迎した。劇場公開時に芳しくなかった『バットマンvsスーパーマン ジャスティ

『ジャスティス・リーグ：ザック・スナイダーカット』
写真提供：Lifestyle pictures / Alamy Stock Photo

スの誕生』の評価は、そこで湧き上がった「アルティメット・エディションを見た上で改めて評価すべきだ」という擁護の声にかき消されることとなった。

アルティメット・カットやアルティメット・エディションなどその都度違う名称を用いているが、要は「スタジオの都合で編集によってシーンが削られたが、監督が本当はそうしたかったバージョン」を意味するディレクターズ・カットのこと。原則として、映画は劇場で初公開された段階で監督を含む作者の手から離れて、その作品的価値や商業的価値が観客や批評家に委ねられることになる。ある時期までは、ディレクターズ・カットが公開されるのは『未知との遭遇』（1977年）や『地獄の黙示録』（19

79年）のように映画史における作品の価値が確定した作品に限られた特別なケースであったり、「スター・ウォーズ」シリーズのように作品の権利を監督や製作者が持っている作品だけに許されているものだった。

スナイダーは『ドーン・オブ・ザ・デッド』や『ウォッチメン』でも劇場公開後にディレクターズ・カット版を公開してきた。『バットマンvsスーパーマン ジャスティスの誕生』のアルティメット・エディションは長編7作目にして3作目のディレクターズ・カット版、続く『ジャスティス・リーグ：ザック・スナイダーカット』は長編8作目にして4作目のディレクターズ・カット版になる。映画史に燦然《さんぜん》と輝く不朽の名作を残してきたわけでもなく、ジョージ・ルーカスのように作品の権利を有しているわけでもない監督にとって、これは極めて異様なフィルモグラフィーだ。

「スナイダーカット・スキャンダル」の真相

『ジャスティス・リーグ：ザック・スナイダーカット』が配信公開された翌年の2022年になって、ワーナー社内の報告書によって明らかになった事実と、そこにスナイダー本人も関与していたのではないかという疑惑報道は、この10年間にハリウッドで起こったスキャンダルの中でも際立って衝撃的なものだ。にもかかわらず、海外でも一部のメディアしか取り上げず、特に日本ではあまり知られていないのにはいくつかの理由が考えられる。数年間に及ぶハッシュタグ運動、#ReleaseTheSnyderCut（スナイダーカットを公開せよ）の末にようやく配信公開された『ジャスティス・リーグ：ザック・スナイダーカット』が、いざ公開されたらファンダムの外側ではそこまで大きな話題にならなかったこと。その公開から、疑惑に関する記事が世に出るまで1年以上の時間が経っていたこと。その時点でDCEUのユニバース展開は事実上暗礁に乗り上げていて、今後のDC映画にスナイダーが再び関与する可能性がほぼ断たれていたこと。スナイダーのファンの一部によるトロール（ネット荒らし）が常態化してきたことで、特に要職にある人物や著名人はスナイダーに否定的な記事やニュースに言及しなくなっていたこと。加えて、日本で知られていないのは、スーパーヒーロー映画のニュースを扱うメディアの多くがファン目線で海外記事を取捨選択して、その翻訳をほぼ横流ししただけの記事を作り、ファンダムに寄り添うことでページビューを稼いでいるという構造があるからだ。つまり、そこではジャーナリスティックなアプローチ、特にファンダムに批判的なアプローチは求められていない。

『ジャスティス・リーグ：ザック・スナイダーカット』をめぐる疑惑の報道は複数あるが、豊富な独自取材を交えた最も決定的なものは2022年7月18日付けの米「ローリング・ストーン」誌の長大な記事「『スナイダーカット』のオンライン運動を勢いづかせたのはフェイクアカウントだった」[*1]だ（同誌には日本版サイトもあるがこの重要な記事の翻訳版を載せていない）。この記事が明らかにしたのは次のことだ。ワーナーが、当時の経営者及び要職についている従業員がスナイダーカットを求めるファンダムから度々オンライン上で殺害予告を含む脅迫を受けてきたことから、セキュリティ上の理由で内部調査を実施したこと。その調査によって、#ReleaseTheSnyderCutを発信したアカウントの少なくとも13%がフェイクアカウントによるものだったと明らかになったこと。さらに米「ローリング・ストーン」誌が独自に3つのサイバーセキュリティ会社に関連データの解析を依頼したところ、特定の人物が運営するネットワーク会社を利用した世論操作の痕跡や、ボットによる投稿やエンゲージメント活動を自動化するソフトウェアの使用が認められたこと。

同記事ではほかにも、『ジャスティス・リーグ』の製作裏について世間に流布してきた「スナイダーとその妻、プロデューサーのデボラ・スナイダーの娘が急死したことを受けてスナイダーが現場から離脱。そこで招かれたジョス・ウェドンが残った素材を元に作品を完成させた」というストーリーの修正（製作途中でラッシュを観たワーナーの幹部はスナイダーが作業している時期にすでに並行してウェドンに作業を依頼していた)。『ジャスティス・リーグ』の撮影済データのハードディスクをスナイダーが不正に社外に持ち出して、度重なる警告も無視し続けたこと。作品のプロデューサーのクレジットをめぐってワーナーの幹部が「ワーナーのジョン・バーグとDCコミックのジェフ・ジョーンズのクレジットを外さないと、今すぐソーシャルメディア上で彼らの人生を破壊するぞ」とスナイダーから脅しを受けたこと。『ジャスティス・リーグ:ザック・スナイダーカット』に最終のGOサインが出る前からスナイダーが再撮影を始めていたこと。ワーナー・ブラザースとの交渉がもつれる度に、不思議なほど絶妙なタイミングでサイボーグ役のレイ・フィッシャーや、ワンダーウーマン役のガル・ガドットから、現場で白人男性として特権的な振る舞いをするウェドンやバーグやジョーンズに対しての #MeToo 的な告発があったことなどが記されていた。記事にはスナイダーの反論も併記されているが、ワーナー・ブラザース(の少なくとも一部)とスナイダーの間に感情的な対立があったことは明らかだ。

事実としてはっきり言えるのは、『ジャスティス・リーグ:ザック・スナイダーカット』を実現させたのはファンによるハッシュタグアクティビズムであり、そのハッシュタグアクティビズムには不正なフェイクアカウントによる投稿や、世論操作を目的としたアクティビティが数多くあったということ。そして、裏で何があったかは解明されないとしても、誰の目にもとまるソーシャルメディア上においても、スナイダーがそれらを煽《あお》るような投稿を重ねてきたことだ。もちろん、#ReleaseTheSnyderCutにのっかったファンのすべてがいわゆる「トキシック」なファンというわけではなく、その大部分はスナイダーが思い通りに作った『ジャスティス・リーグ』を観たいと純粋に思ったファンだろう。しかし、選挙の投票においても社会問題においても、そんな「純粋な思い」を誘導し増幅させるために雇われるのが、ネット工作を専門とする会社だということもまた事実だ。

２０２２年のアカデミー賞では初めての試みとしてツイッターでのファン投票が実施されて、授賞式で「２０２１年のお気に入り映画賞」（Favorite 2021 Film）と「ベストシーン賞」（Oscars Cheer Moment）が発表された。「２０２１年のお気に入り映画賞」を受賞したのは、ワーナー・ブラザースから離れてネットフリックスと長期契約を結んだスナイダーの新天地での第１作『アーミー・オブ・ザ・デッド』（２０２１年）。「ベストシーン賞」を受賞したのは、『ジャスティス・リーグ：ザック・スナイダーカット』でフラッシュがスピードフォースにアクセスするシーンだった。４時間２分もあるので気軽に薦められるものではないが、『ジャスティス・リーグ：ザック・スナイダーカット』を未見で、もしここまでの論調に疑念を抱いたならば、自身の目でその「2021年のベストシーン」を確認していただきたい。

Ⅳ 『ピースメイカー』――疎外された白人中年男性に寄り添うこと

長い混乱期の終わり

2022年10月25日、これまでワーナー・ブラザースでDC作品の映像化を統括してきたDCフィルムズに代わって新たにDCスタジオが設立されること、そしてそのトップにジェームズ・ガンとプロデューサーのピーター・サフランが就任したことが発表された。二人は過去に映画『ザ・スーサイド・スクワッド〝極〟悪党、集結』（2021年）とそのスピンオフ作品のテレビシリーズ『ピースメイカー』（2022年）で監督とプロデューサー（サフランは『ピースメイカー』ではエグゼクティブ・プロデューサー）としてタッグを組んだきた関係。『アクアマン』で初めてDC作品のプロデューサーを務めたサフランは、DCスタジオのトップを打診された際に「ジェームズ・ガンのようなクリエイティブな人と一緒でなければやりたくない」[*1]と主張したという。サフランの役割は、DCにおいてガンの構想の実現をビジネス面でサポートすること。マーベル・スタジオで「ガーディアンズ・オブ・ギャラクシー」シリーズを手がけてきたガンは、2023年の『ガーディアンズ・オブ・ギャラクシー：VOLUME 3』を置き土産に、今後は新生DCスタジオでマーベル・スタジオにおけるファイギのようなポジションに立って采配を振るっていくことになったのだ。

そのタイミングで、これまで公式の名称すらなかったワーナー・ブラザースのDC作品のユニバースに、DCユニバースという正式名称が与えられた。また、今後の作品のラインナップの一部が明らかにされた2023年2月1日には、続編が準備されているトッド・フィリップス監督の「ジョーカー」シリーズ、マット・リーヴス監督の「バットマン」シリーズなどのDCユニバースに含まれない作品が、DCエルスワールドという名称の下で区別されることも発表された。

ガンがDCスタジオのトップに就任した時点で製作中だった『ザ・フラッシュ』（2023年）、『ブルービートル』（2023年）、『アクアマン・アンド・ザ・ロスト・キングダム』（2023年）といった作品は今後追って公開されることになるが、これでザック・スナイダー監督による『マン・オブ・スティール』から始まり、MCUとは対照的に船頭不在のまま長らく迷走状態にあった約10年に及ぶDCの最初のユニバース作品は完全に幕を閉じることになる。また、これまで散発的に製作されてきたアニメーション作品を含むDCのテレビシリーズも、ガン&

サフラン体制のもとでDCユニバースに統合されて再スタートをきることになる。

それらは同時に、ヘンリー・カヴィル（スーパーマン）、ガル・ガドット（ワンダーウーマン）といったキャストたちの退場も意味する（『ピースメイカー』最終話にも登場したアクアマンを演じているジェイソン・モモアに関しては、別のキャラクターで今後のDC作品にも登場することが噂されている）。当然、DCのファンダムの一部からは反発の声が上がっていて、それらの矛先はソーシャルメディアを通してガンにも直接向けられているが、そうしたアンチコメントを適当にいなす上で、ガンほど打ってつけの人材はいないだろう。ソーシャルメディアの力を巧みにコントロールしてワーナーやDCフィルムズ、さらにはアカデミー賞にまで影響力を行使してきたスナイダーとは違った意味で、熾烈《しれつ》なキャンセル騒動を乗り越えてきたガンもまた、今やソーシャルメディア上での「無敵の人」と言っていいからだ。

最初に裏切ったのはディズニーだった

MCU作品の中の一つのシリーズ監督から、DCスタジオのトップへ。そんなガンの転身はマーベル・スタジオ、そしてその親会社ディズニーへの裏切りのようにも思えるかもしれないが、ディズニーはガンを責めることができる立場になかった。そもそも、最初に裏切ったのはディズニーの方だからだ。

ガンが監督、脚本を手がけてきた「ガーディアンズ・オブ・ギャラクシー」シリーズの完結編となる3作目『ガーディアンズ・オブ・ギャラクシー：VOLUME 3』は、当初2020年5月に公開される予定だった。つまり、『ブラック・ウィドウ』から始まるMCUフェーズ4の序盤の鍵となる作品として位置付けられていたのだ。2018年6月には脚本の初稿も完成し、「スター・ウォーズ」シリーズのルーク・スカイウォーカーでお馴染みのマーク・ハミルにも出演が打診されていた。

ガンいわく、『ガーディアンズ・オブ・ギャラクシー：VOLUME 3』は5年前のそのオリジナル脚本をほぼ踏襲したものとのことだが、その言葉をどこまで信じていいのだろうか？ガーディアンズの面々でガンが最も自己投影をしているキャラクターがロケットであることはよく知られているが、『ガーディアンズ・オブ・ギャラクシー：VOLUME 3』は無知蒙昧な敵に攻撃されて生死の境をさまようロケットを、仲間たちが力を合わせて「蘇生」させる物語となった。いずれにせよ、もし当初の予定通り2020年公開に向けて『ガーディアンズ・オブ・ギャラクシー：VOLUME 3』が製作されていたら、MCUのフェーズ4の様相はかなり異なるものになっていたに違いないし、ガーディアンズの面々がモブキャラのような雑な扱いを受けていた『ソー：ラブ&サンダー』の惨状も回避できただろう（クレジットはされていないものの、『アベンジャーズ／インフィニティ・ウォー』におけるガーディアンズの面々の台詞は、各キャラクターのイメージを損なわないようガン自身が書いていた）。

ちょうど『ガーディアンズ・オブ・ギャラクシー：VOLUME 3』の脚本の第一稿がマーベルの幹部にわたった直後の2018年7月、小児性愛や人種差別に関する不謹慎なジョークを飛ばしていた10年ほど前のガンの複数のツイートが掘り起こされ、ソーシャルメディア上で大きな騒ぎとなった。もともとバッドテイストが売りのB級ホラー映画の制作会社トロマ・エンターテインメントから映画界でのキャリアをスタートさせたガンは、ハリウッドのメジャースタジオで映画を撮るようになってからも、しばらくそれ以前のノリが抜けていなかったのだ。問題となった一連のツイートを投稿した当時は、まさか10年後の自分が、ハリウッドのメジャースタジオの中でもポリティカル・コレクトネスに最も過敏なディズニーのもとで仕事をすることになるなんて想像してもいなかったのだろう。そもそも、マーベル・スタジオはまだディズニーの傘下にも入ってなかった時期のことだ。

その時のネット炎上についておさえておくべきなのは、過去のツイートを発掘して最初に火を点《つ》けたのがドナルド・トランプの熱烈な支持者として知られるオルトライト系コメンテーターであったことだ。そこに、普段からポリティカル・コレクトネスに敏感な、いわゆる「ウォーク」な人たちが薪《まき》をくべて、騒ぎをどんどん大きくしていった。その2年後、東京2020オリンピック・パラリンピック開催直前の日本でも多く見られた、ソーシャルメディア時代にありがちな、保守とリベラルが無自覚のまま手を組むことによって起こる、キャンセルカルチャーの典型的なケースだ。

トランプ支持者のオルトライト勢がガンのキャンセルを企てたのも、ある意味で「裏切り」が理由だった。「ガーディアンズ・オブ・ギャラクシー」シリーズも『ザ・スーサイド・スクワッド〝極〟悪党、集結』も『ピースメイカー』もまさにそういう作品だが、彼はそれ以前から豊富なオタク的知識を盛り込みながら「落ちこぼれ集団が権威に一泡吹かせる」という物語の作品を多く手がけてきて、その観客の中心となる層は、インテリの批評家たちとは相容《あいい》れないような都市部以外で暮らしている反エリート主義の白人男性だった（そういう点では、ソーシャルメディア上でスナイダーをファナティックに支持していた層とも重なっていると言えるだろう）。一方で、ガン自身はリベラル思想の持ち主で、ちょうど大統領予備選挙を控えていたその時期、トランプやその支持者たちに批判的なツイートを繰り返していた。それに腹を立てたオルトライト勢の、勝手な思い込みによる「お前はオレたちの仲間じゃなかったのか?」という憤りが発端だったのだ。

映画事業だけでなく、テーマパーク事業やリゾート事業においてもメインの顧客がファミリー層であるディズニーの決断は早かった。2018年7月20日、ディズニーとマーベル・スタジオは、ソーシャルメディアで広がり続けるキャンセル運動をそのまま認めるかたちでガンの解雇を発表。その発表を受けて、ガンは「この数年間、自分は人間としても、ユーモアのセンスにおいても、当時から成長したと感じている」と述べた上で「私は今日なされたビジネス上の決定を理解して受け入れる」「今後、何年経っても当時の自分の行動に対して全責任を負う」とツイートした。2018年のアメリカ社会、とりわけハリウッドでは、それ以外のコメントは受け入れられなかっただろう。

「私たちはジェームズ・ガンを全面的に支持する」

ガンのキャンセル騒動が当時のハリウッドにおいて例外的だったのは、「ガーディアンズ・オブ・ギャラクシー」シリーズの主要キャストのほとんどがガンへの支持を表明したことだ。すでにシリーズでの役割を終えていたヨンドゥ役のマイケル・ルーカーはガンがキャンセルされたことへの抗議としてツイッターのアカウントを削除、オンライン上ではガンの復職を求める30万人以上のファンの署名が即座に集まった。解雇から10日後の7月30日、ルーカーをはじめ、クリス・プラット、ゾーイ・サルダナ、デイヴ・バウティスタ、ブラッドリー・クーパー、ヴィン・ディーゼル、カレン・ギラン、ポム・クレメンティエフといった「ガーディアンズ・オブ・ギャラクシー」シリーズの主要キャストは「私たちはジェームズ・ガンを全面的に支持する」という声明から始まるオープンレターを発表した。そこには、その声明に続いて「先週の彼の突然の解雇に私たちはみんなショックを受け、考え、祈り、耳を傾け、議論するために、意図的に10日間の時間を置きました。その間に、ジェームズにとって3作目となる『ガーディアンズ・オブ・ギャラクシー』での監督としての復職を望むファンやメディア人たちからの支援の声に励まされ、また彼を取り巻く多くの突飛な陰謀論を簡単に信じてしまう人たちに落胆させられました」と書き記されていた。

即断された解雇とは対照的に、ガンの復職を求める声へのディズニーの反応は鈍く、世論の反発を恐れてなのか、水面化での交渉に終始した。2018年10月、当時のディズニーCEO、アラン・ホルンがガンが内々にガンに復職の可能性があることを告げたのは、すでにワーナーがガンに接触し、2年前に公開して芳しい結果を得ることができなかった『スーサイド・スクワッド』（2016年）の続編（結果的にはガンの意見が尊重されて事実上のリブートとなった）への監督、脚本家としての参加が決定した翌日だった。

『ピースメイカー』に込められたメッセージ

自身のキャンセル運動にのっかったディズニーに対して、ガンは対外的にも交渉の過程でも先のコメント通りの真摯で殊勝な態度を貫いてきた（それはリスクを冒して自分をサポートしてくれたキャストたちを守るためでもあったのだろう）。一方で、ワーナーから全権委任されるかたちで引き受けた『ザ・スーサイド・スクワッド〝極〟悪党、集結』は、これまでの作風をむしろ強調するかのように暴力描写やグロ描写も手加減なし、登場人物たちも相変わらず悪趣味なジョークを飛ばしまくっている作品となった。ディズニー傘下のマーベル・スタジオでは許されないであろう、R指定を受ける「自由」も、しっかり謳歌してみせたのだ。

ディズニーから復職の許しを得たガンは、しかしすぐには『ガーディアンズ・オブ・ギャラクシー：VOLUME 3』の作業には戻らず、続いて『ザ・スーサイド・スクワッド〝極〟悪党、集結』のスピンオフ作品として、ワーナー系の配信プラットフォームであるＨＢＯマックスのテレビシリーズ『ピースメイカー』の製作に入った。ガンが原案、すべてのエピソードの脚本、全8エピソード中5エピソードの監督を務めた『ピースメイカー』の主人公は、スーサイド・

スクワッドのメンバーの中でも最も保守的思想と男性優位主義に凝り固まったキャラクターだ。『ザ・スーサイド・スクワッド〝極〟悪党、集結』の数あるキャラクターの中ではあくまでもサブ扱いだった、しかも劇中で死んだことにすることも可能だったこのキャラクターで、わざわざスピンオフを作ったのには、もちろんガンの強いメッセージが込められているはずだ。

ピースメイカーを演じるジョン・シナは、実業家時代のトランプが度々リングに登場し、大統領選出馬前に白人保守層の支持基盤を作る上で大きな貢献を果たしたとされるプロレス団体WWEで、同じく白人保守層を象徴するイメージを背負ってきた超人気プロレスラーだ。そんなシナ演じるピースメイカーを物語の主人公とすることで、ガンは自分のことをキャンセルしようとしたネット上のヘイターたち、さらにはDCファンダムの一部過激派たちに、自身を省みる機会を与えたかったのではないだろうか。

『ザ・スーサイド・スクワッド〝極〟悪党、集結』では触れられてこなかったピースメイカーことクリストファー・スミスの生い立ちや、心を通わせることができる友人が一人もいない侘《わび》しい生活を描いた『ピースメイカー』では、人種差別的で女性差別的で共感性が極端に欠如している彼のような人間が、どのような家庭環境によって育まれてきたのかについて掘り下げている。それは、同じ白人男性のスーパーヒーローでも、例えば「トラウマを抱えた富豪」のバ

『ピースメイカー』　写真提供：LANDMARK MEDIA / Alamy Stock Photo

ットマン＝ブルース・ウェインとはまったく異なる社会階層で生きてきた人間の物語だ。

これまで白人男性のスーパーヒーローに偏ってきたジャンルで、女性のスーパーヒーローの映画も作られるようになった。あるいは、有色人種のスーパーヒーローの映画も作られるようになった。そして、それらの作品はスーパーヒーロー映画ブーム以前にも数少ないながらもいくつか存在してきた作品とは違って、同じジェンダーや同じ人種のアイデンティティの作り手たちによって撮られるようになった。それ自体は、もちろん歓迎すべきことだろう。

しかし、富豪や天才科学者や神や超人ばかりの旧来のスーパーヒーローたちや、新しい社会のうねりを反映してようやくスクリーンにおいても日が当たるようになった新しいスーパーヒーローたち、そのどちらにも取り残された者たちは、一体何をよすがにすればいいのか？　もしかしたらそのような薄暗い感情が、ネットでスナイダーをファナティックに支持する人々や、同じくネットでガンのキャンセルを扇動してきたヘイターたちの根底にあるのではないか？　さらに、ガンにとっては、ネットにトキシックなツイートをして憂さ晴らしをしていた、ほかでもない過去の自分自身がそのような人々の一人だったのかもしれない、という自省も避けて通れないものだったはずだ。

『ピースメイカー』において、ピースメイカーの次に重要なロールを担っているのは、ダニエル・ブルックスが演じる大柄な黒人のレズビアン女性レオタ・アデバヨだ。鷹《たか》の相棒ワッシーにしか心を許せなかったピースメイカーは、序盤のエピソードではレオタに対して酷《ひど》い言動や態度を繰り返していたが、時には味方として、時には敵対して、彼女と交流をしていく中で少しずつ人間としてのあたたかさや柔らかさを取り戻していく。どんなに思想的に偏った人間であっても、政治的に「間違った」人間であっても、何かをきっかけに変わる可能性はあるし、そこで重要なのは隣人との関係にあるということを、ガンはこの作品で描いているのだ。

後年、２０１０年代の映画界を振り返った時、少なくともハリウッド映画に関して言うなら、間違いなく「スーパーヒーロー映画のディケイド」ということになるだろう。一方、２０２０

年代に入ってからのMCU作品の粗製濫造ぶりや、DC作品の混乱ぶりに直面している現在は、2020年代も2010年代と同じように「スーパーヒーロー映画のディケイド」になるとは到底思えない、というのが正直なところだ。

DCスタジオのトップで陣頭指揮を執ることになったガンの現在のところ唯一のDC映画『ザ・スーサイド・スクワッド〝極〟悪党、集結』は、新型コロナウイルスの影響もあったとはいえ、興行的には惨敗に終わった作品だった。それでもガンにDCユニバースの未来を任せることとなったのは、社内の人事の混乱も続いていて、それだけワーナーが切羽詰まっていたからなのだろうが、もしかしたらその英断が「2020年代のスーパーヒーロー映画」における一縷《いちる》の望みとなるかもしれない。

第三章　「最後の映画」を撮る監督たち

I 『フェイブルマンズ』――映画という「危険物」取扱者としての自画像

すべての道は『ROMA/ローマ』に通ず?

直近10年(2010年代前半から2020年代前半)に作られた映画で、その後の作品に最も影響を与えた作品を一つだけ挙げるとしたら、自分は迷いなくアルフォンソ・キュアロンの『ROMA/ローマ』(2018年)の名前を挙げる。メキシコシティのローマ地区で生活する、ある裕福な家族とその家政婦たちの1970年から1971年の日常の営みを、ビジュアルエッセイのように断片的に繋ぎ合わせた構成と詩的なモノクロ映像で綴《つづ》った作品だ。「ある裕福な家族」とはほかでもない、核医学専門の医者の父と化学者の母の間に生まれたキュアロンの家族であり、1970年から1971年という作品の時代設定はキュアロンが8歳から9歳の時期に重なる。映画の主人公は家政婦のクレオだが、彼女が世話をしている家族の子供たちの中には同じ年頃の少年がいる。言うまでもなく、その少年はキュアロン自身だ。

第86回アカデミー賞で監督賞を含む7部門を受賞するという大成功を収めた前作『ゼロ・グ

ラビティ』(2013年)が、キャリアにおける一つの区切りとなったのだろう。キュアロンは『天国の口、終りの楽園。』(2001年)以来久々に母国メキシコで、全編スペイン語の作品『ROMA/ローマ』を撮った。北米をはじめとする世界の主要マーケットで劇場公開する上で「スペイン語のモノクロ映画」というのは商業的なハンデとなるわけだが、そこに手を差し伸べたのがネットフリックスだった。ネットフリックスは同作の独占配信権を取得するだけでなく、製作費(約1500万ドル)の2倍とも3倍とも言われる空前のプロモーション費を投入して、自社にとって初のアカデミー作品賞の獲得を狙った(結果的に作品賞は獲り逃したものの、監督賞、撮影賞、外国語映画賞の3部門を受賞した)。

そんな公開までの経緯もまさに「2010年代後半の映画界」的な出来事であったが、『ROMA/ローマ』を映画界の直近10年を代表する作品とする理由はその主題にある。映画作家が自分の子供時代のエピソードをモチーフに、その時代背景と住んでいた場所へのノスタルジーを込めて長編映画を作ること。『ROMA/ローマ』の映画としての圧倒的な美しさと強さ、そして作品に寄せられた称賛は、映画界の新しいトレンドを生み出すこととなった。

プロテスタントの住民とカトリックの住民が激しく対立する1969年の北アイルランドのベルファストを舞台に、家族との関係や地域社会の変動を9歳の少年の視点から描いたケネス・ブラナーの『ベルファスト』（2021年）は、主人公が幼少期の監督自身であるだけでなく、ほぼ全編が『ROMA／ローマ』と同じようにモノクロで撮られた作品だった。

SSCナポリにディエゴ・マラドーナが在籍していた80年代半ばのナポリを舞台にした青年の成長物語である『The Hand of God』（2021年）で、主人公は映画監督になることを目指しているが、言うまでもなくそこには監督であるパオロ・ソレンティーノの10代の日々が投影されている。『The Hand of God』は現代のイタリア語映画としては異例の大がかりな撮影や美術にも目を奪われる作品だが、『ROMA／ローマ』と同様、独占配信権と引き換えに同作に出資したのもネットフリックスだった。

キュアロンの盟友であるアレハンドロ・ゴンザレス・イニャリトゥもまた、『バルド、偽りの記憶と一握りの真実』（2022年）で、「久々に母国メキシコに帰国した映画作家」という自身を濃厚に反映させた主人公をモチーフに、新生児からアメリカに渡って成功した現在までの半生をフェリーニ的な幻想シーンを織り交ぜて描いた。同作を資金的にバックアップしたのも、やはりネットフリックスだった。

ほかにも、本人を投影した登場人物こそ出てこないものの、自身の少年時代である1960年代後半のロサンゼルスを舞台にしたクエンティン・タランティーノの『ワンス・アポン・

両親の姿を描いていく。そして、これまで『E.T.』(1982年)や『A.I.』(2001年)をはじめとする自作で執拗《しつよう》に描いてきた、両親の関係の不和や親から捨てられることへの恐怖の真相を、遂に「自分の物語」として語っていく。

『フェイブルマンズ』は、子供時代のスピルバーグの『地上最大のショウ』(1952年)や『リバティ・バランスを射った男』(1962年)との出会いや、8㎜カメラやフィルムの編集機を手にして映画制作に目覚めていく姿を描いた「映画についての映画」である以上に、スピルバーグの「両親についての映画」だ。そして、それは同時期にほかの映画作家が撮った「幼少期を送ってきた時代と場所へのノスタルジーを込めた映画」とはまったく趣が異なる、ある種の飲み込みにくさをともなった残酷な作品となっている。

『レディ・バード』と『フェイブルマンズ』

スピルバーグほどの映画監督となれば、作家論や作品論はもちろんのこと、伝記本だけでもこれまで片手の指で収まらない数の書籍が出版されている。『フェイブルマンズ』に寄せられた批評家の不満の中には、「学生時代のあのエピソードが入ってない」「10代で撮ったあの重要作品について触れてない」といった自伝映画としての不完全性についての指摘も散見される。

しかし、スピルバーグが撮りたかったのは網羅的な自伝映画ではなく、自伝映画と並んで昨今流行りの「映画についての映画」でもなく、あくまでも「両親についての映画」なのだ。そうでなければ、映画との運命的な出会いとなった『地上最大のショウ』と、フィナーレを飾るジョン・フォードとのエピソードで回収されることになる『リバティ・バランスを射った男』の2作品以外、少年時代に出会った数々の名作についてほとんど触れていないことの説明がつかない。

2020年前後から世界各国の名匠たちが向かう先を決定づけた作品としての『ROMA／ローマ』の意義には触れたが、それ以上に『フェイブルマンズ』実現にいたるまでのスピルバーグに啓示を与えた重要な作品がある。グレタ・ガーウィグが2017年に世に送り出した『レディ・バード』だ。スピルバーグはガーウィグにとっての初の単独監督作となったこの自伝映画を激賞し、「TIME」誌の「最も影響力のある100人」2018年版にガーウィグが選出された際には、珍しいことに寄稿文まで寄せている。その文章の中でスピルバーグはこう語っている。

「グレタの才能には大気から飛び立つような勢いがあり、その作品には100万の優れたアイデアが封じ込められている。それは神経質なものではなく、何かに没頭している人間だけが生み出せるエネルギーだ」

「詩人のデヴィッド・ホワイトは『優れた詩とは、最も軽いタッチで心を癒してくれる、どこからともなくやってくる風のようなものだ』と書いている。グレタの映画がもたらす詩情はまさにその風だ。私は次の風が吹くのを待ちきれない[*1]」

「何かに没頭している人間だけが生み出せるエネルギー」。「最も軽いタッチで心を癒してくれる」。スピルバーグの『レディ・バード』への賛辞は、スピルバーグ自身の作品の美点をこれ以上なく的確に言い表している。ガーウィグはスピルバーグの助言によって、次作『ストーリー・オブ・マイライフ　わたしの若草物語』（2019年）でフィルムカメラでの撮影を選択したことを明かしているが、『フェイブルマンズ』のハイスクール時代のパートは、まるでスピルバーグからの『レディ・バード』への返答のような瑞々《みずみず》しいタッチで描かれていく。そのことは、ハリウッドの70代の男性監督と30代の女性監督がお互いの作品に影響を与え合っているという美談にとどまるものではない。なぜなら、『フェイブルマンズ』は『レディ・バード』とまったく同じように、「親からの独立」についての映画でもあるからだ。

映画の持つ「スーパーパワー」に恐れ慄《おのの》く少年

「親からの独立」を映画にする上で、スピルバーグは両親の死を待たなければならなかった。なぜなら、それは最愛の母親の、父親とは別の男性への恋愛感情を告発する作品だったからだ。劇中で主人公がクローゼットの中でのフィルムの映写を通して、母親にその真実を突きつけることになるシーンは衝撃的だ。彼は自分が「撮ってしまった」ものに困惑し、一度は編集を放棄するが、皮肉なことに父親に急き立てられてフィルムを完成させる。そして、そのフィルムは結果的に家族がバラバラになるきっかけとなってしまう。

複数の評伝によると、両親が離婚した後、スピルバーグはまだ母親を愛しているのに復縁を迫らないことに腹を立てて、父親と長いこと疎遠になっていたという。つまり、『フェイブルマンズ』の中で真実を認めたくなくて撮影済のフィルムの編集を放棄していた少年と同じ状態が、プロの映画監督になってからもずっと続いていたわけだ。「父親の不在」をモチーフにしたスピルバーグの数々の傑作がそのような背景から生まれていたことを、我々観客は『フェイブルマンズ』で初めて知ることになる。

思い返せば、スピルバーグの前作『ウエスト・サイド・ストーリー』は、エンドクレジットとエンドロールの合間に「For Dad」と記された作品だった。芸術全般に造詣が深かったのは母リアの方だったが、父アーノルドが一番好きだったレコードが、レナード・バーンスタインによるオリジナルのミュージカル版『ウエスト・サイド物語』（1954年）のレコードだったという。長らく映画表現におけるVFXやCGIの技術革新の牽引者であり続けてきたスピルバーグは、その前作『レディ・プレイヤー1』（2018年）を一つの区切りとして、その後は自分にとっての「最後の映画」を撮り続けているのだろう。

『フェイブルマンズ』が恐ろしいのは、母親を追い込んでしまった時のようにフィルムは思いがけず真実を捉えてしまうこともある一方で、編集によっていくらでもその真実は裏返ってしまうということも描いているところだ。ハイスクールの卒業時に制作した作品で、主人公は在学中に自分に対して差別的な言葉を浴びせてきた同級生の一人を間抜けな存在として描き、もう一人の同級生を嘘のようにパーフェクトなヒーローのように描く。プロムでその作品が上映されると、出席者たちはまんまと一人の同級生を嘲笑し、もう一人の同級生を崇《あが》めるようになる。主人公はフィルムで母親に真実を突きつけたあの日のように、上映中に会場を抜け出して、校舎の廊下で膝を抱えて茫然《ぼうぜん》自失状態となってしまう。まるで、手に負えないスーパーパワーを獲得してしまったことで苦悩するスーパーヒーローのように。大人になってからのスピルバーグのいくつかの作品がそうであるように、彼は自分の意志で作品をコントロールすること、つまり映画における意図された「政治性」よりも大切なものに気づいていた。すでに芽生えていた映画作家としての本能が、カメラで捉えた被写体を、映画的に最も相応しい役割へと導いたのだ。

多くのスピルバーグ作品がそうであるように、『フェイブルマンズ』にも目を見張るようなエピローグが用意されている。「親からの独立」を果たした主人公は、そこでデヴィッド・リンチ演じる「映画の父」ジョン・フォードからアドバイスを受けて、やがて新しい親＝ハリウッドのスタジオシステムの庇護《ひご》のもと大きなステップを踏み出していく。しかし、作品が終わった後に忘れがたい印象を残すのは、それまでの過程で繰り返し描かれることで強調されている、映画という「危険物」が持つ全能の力を手にしてしまったことに怯《おび》える少年の姿だ。

確かに、『フェイブルマンズ』は自伝映画であると同時に、やはり「映画についての映画」ではある。ただし、スピルバーグにとっての「映画についての映画」とは、少年時代に観てきた名画の数々や、少年時代に撮ってきた習作の数々をただノスタルジックに振り返るようなものではなく、あの頃の「恐れ」と「慄き」の感覚をもう一度生々しいものとしてキャプチャーすることだったのだ。

Ⅱ 『Ｍａｎｋ／マンク』――デヴィッド・フィンチャーのハリウッドへの決別宣言

「最後の映画」を一足早く通過したフィンチャー

『ウエスト・サイド・ストーリー』を亡くなったばかりの父親に捧げ、続く『フェイブルマンズ』では意を決して両親のパーソナルな領域へと踏み込んでいったスピルバーグ。彼よりも一世代下のデヴィッド・フィンチャーもまた、亡き父親への想いを創作の原動力として傑作を作り上げた。それが２０２０年末にネットフリックスで配信された『Ｍａｎｋ／マンク』だ。

『Ｍａｎｋ／マンク』の脚本は、フィンチャーの勧めによって、父ジャック・フィンチャーが１９９０年代半ばにジャーナリスト及び批評家としての仕事を引退後、自宅で執筆に専念して書き上げたものだ。父親から脚本を渡されたフィンチャーは監督として映画化のために動き、『市民ケーン』（１９４１年）の脚本家ハーマン・Ｊ・マンキウィッツ役にケヴィン・スペイシー、『市民ケーン』の主人公チャールズ・フォスター・ケーンのモデルとなったウィリアム・ランドルフ・ハーストの愛人マリオン・デイヴィス役にジョディ・フォスターというキャステイングで、『ゲーム』（1997年）の次の監督作として制作に入る予定だった。しかし、当時すでに売れっ子になっていたとはいえ、まだ30代の若手監督の「『市民ケーン』と同じように白黒フィルムで撮影したい」という要求に応じるような豪胆なハリウッドのメジャースタジオはどこもなかった。劇場における興行価値を度外視して、サム・レビンソンのような新進監督にまでモノクロの長編映画『マルコム&マリー』（2021年）を撮らせているネットフリックスが映画製作において台頭するのは、まだ20年以上先のことだ。

それでも、2003年にジャック・フィンチャーが72歳で亡くなって以降、フィンチャーにとって『Mank／マンク』は常に次に撮る作品の第一候補だったという。そこから17年、脚本の第一稿を最初に手にしてから数えると30年近くの年月を経て、ようやくそれが実現したわけだ。ジャーナリストの仕事をしながらもずっと脚本を書き続けていた父の果たせなかった夢をようやく叶《かな》えた息子、というのは美しいストーリーではあるが、その17年、あるいは父の脚本を最初に読んでから約30年の年月こそが、フィンチャーを内因的にも外因的にも『Mank／マンク』を撮る必然へと向かわせたとも言えるのではないだろうか。フィンチャーは2020年のインタビューで次のように語っている。

「40年も映画の仕事をしてきたのに、たったの10作しか撮れていないことを奇妙に感じずにはいられない。実際には11本だが、自分の作品と言えるのは10本だからね（以前からフィンチャーは最終編集権をスタジオに奪われた1992年の長編監督デビュー作『エイリアン3』を自作として認めていない）。客観的に、それはかなり恐ろしい事実と言えるだろう」[*1]

2010年代以降、『Mank／マンク』までにフィンチャーが手がけてきた長編映画は『ソーシャル・ネットワーク』（2010年）、『ドラゴン・タトゥーの女』（2011年）、『ゴーン・ガール』（2014年）の3作品。『ドラゴン・タトゥーの女』と『ゴーン・ガール』は世界的ベストセラーの映画化であり、その両作に挟まれた2013年からは、ネットフリックスのテレビシリーズ、『ハウス・オブ・カード』（2013～18年）と『マインドハンター』（2017～19年）でショーランナーと一部主要エピソードの演出を手がけてきた。つまり、『Mank／マンク』はオリジナル企画の映画としては『ソーシャル・ネットワーク』以来10年ぶりの作品であり、それまで「長編映画は既存のハリウッドメジャーと、テレビシリーズはネットフリックスと」と作品の形式によってプラットフォームを分けてきたフィンチャーが、その境界を越えて初めてネットフリックスで撮った長編映画なのだ。ちなみに、フィンチャーにとって

『Mank／マンク』の次作となる長編映画『The Killer』（2023年）も、同じくネットフリックスのオリジナル映画として配信される予定だ。

そういう意味では、フィンチャーにとって劇場で公開されることを前提とした「最後の映画」は、『ゴーン・ガール』ですでに通り過ぎていたものということになる。ネットフリックスは主に各映画賞のレギュレーションを満たす目的で、自社のオリジナル長編映画のうち賞レースに絡む可能性のある作品を中心に、その配信の1週間、もしくは2週間ほど先駆けて、各国の限定された劇場で公開している。スピルバーグやクリストファー・ノーランのように世界中の劇場での拡大公開が絶対条件であることを公言している監督もいるが（その要求がもはやごく一部の監督だけに許されたものであることは言うまでもない）、これまで国内外の多くの監督と話をしてきた中で、意外なほど頻繁に耳にするのが「自作がスクリーンで一度も上映されないとしたら残念だが、限定された機会であっても劇場公開があるならそれでよし」とする現在の映画を取り巻く環境や産業構造をふまえた現実的な意見だ。あるいは、多くの映画監督にとって最優先すべきは「自分の作りたい作品を理想的な環境で作ること」で、それが満たされる限り「劇場での公開」は二の次ということなのかもしれない。

自身の鏡としてのオーソン・ウェルズ

それでもなお、『Ｍａｎｋ／マンク』はフィンチャーの「最後の映画」と呼ぶに相応しい作品だ。それは、父親の形見となった脚本の映画化にようやく漕ぎ着けたというだけでなく、ほかならぬオーソン・ウェルズの『市民ケーン』についての映画だからだ。

ラジオドラマのディレクター兼役者として名を上げたウェルズは、25歳の若さで『市民ケーン』で映画監督デビューして以降、１９４８年の『マクベス』までアメリカ資本で6作の長編映画を立て続けに撮ったが、いずれの作品も興行的に芳しい結果を残せず、その後は国外の資本を頼りにして映画を作るようになった。30代半ば以降、ウェルズがハリウッドで撮った作品は１９５８年の『黒い罠《わな》』1作のみ。同作も、ユニバーサル・ピクチャーズと最終編集権をめぐって揉《も》めに揉めて、撮影終了から公開までに2年かかった曰《いわ》く付きの作品だった。ちょうどその頃には、『市民ケーン』以降の作品も、アンドレ・バザンや監督デビュー前のエリック・ロメールをはじめとする、それまで芸術的な見地からは見くびられてきた「ハリウッドの娯楽映画作家」を擁護する「カイエ・デュ・シネマ」周辺のフランスの批評家たちから熱狂的に支持されるようになっていたが、すでにウェルズ自身はアメリカの映画業界での足場を失っていた。

妥協を許さない完全主義者、コントロールフリーク、映像技術の革新者——映画監督としてのウェルズのキャッチフレーズの数々は、そのままフィンチャーにも当てはまる。自作自演のラジオドラマで名を上げたウェルズ。ミュージックビデオやCMの監督として名を上げたフィンチャー。20代の若さで他業種からいきなりスター監督風情でハリウッドに乗り込んできた「アウトサイダー」であった点も同じだ。フィンチャー自身、ウェルズ作品には長年愛着を抱いていて、2020年のインタビューでも「『市民ケーン』はアメリカ映画史上最高の作品ではないかもしれないが、トップ3には確実に入る」[*2]と明言している（ちなみに残りの2作は『ゴッドファーザーⅡ』と『チャイナタウン』。いずれも1974年の作品だ）。1989年、まだミュージックビデオ監督だった27歳のフィンチャーが撮ったマドンナの「オー・ファーザー」（マドンナと実父の確執をテーマにした曲）は、モノクロ映像、光と影を極端に強調したライティング、ディープフォーカスによって手前の室内にいる両親から窓越しに幼少期の主人公を捉えるシーンなど、全編あからさまに『市民ケーン』のレファレンスが張り巡らされた作品だった。また、アメリカ的資本主義の頂点を目指しながら、私生活においては誰も信じられず孤立を深めていくフェイスブックの創業者マーク・ザッカーバーグの半生を描いた『ソーシャル・ネットワーク』は、公開当時から「現代版『市民ケーン』」と評されていた。

『Mank／マンク』　写真提供：Everett Collection/アフロ

『ゲーム』公開時の「エンターテインメント・ウィークリー」誌の記事で、その約10年前にフィンチャーとともにミュージックビデオやCMの製作会社プロパガンダ・フィルムを設立した共同経営者スティーヴ・ゴリンは「若い頃の彼は非現実的なほど傲慢だった。そして、自分よりも賢くない人間――つまりほとんどすべての人間――に対する異常なほどの忍耐力のなさは、映画監督になった今も変わっていない」とフィンチャーのパーソナリティを明かしている。監督デビュー作『エイリアン3』で20世紀フォックスと激しく対立した若かりし日のフィンチャーが、それでもウェルズのように受難のキャリアを歩んでいくことを回避できた最大の理由は、次の監督作『セブン』（1995年）が世界的大ヒットを記録したことだ。ここで監督としての権限を拡大することに成功したフィンチャーは、『ドラゴン・タトゥーの女』までの16年間、コンスタントにハリウッドで映画を撮り続けることができた。ただし、作品ごとに頻繁に組むスタジオが変わっていて、同じ脚本家と仕事を2回以上していないことに着目せずにはいられない。「扱いづらい天才」という点において、ウェルズとフィンチャーは似たもの同士なのだ。ウェルズがウィリアム・ランドルフ・ハーストを、フィンチャーがマーク・ザッカーバーグを、それぞれ自作の題材として選び、その人物像を鮮明に浮き上がらせることができたのは、自分も同じ「傲慢なクソ野郎」であることからくる一定のシンパシーがあったからではないだろうか。

ハリウッドのシニシズムとソシオパス性

しかし、ここに『Ｍａｎｋ／マンク』という作品の本質的な捻《ねじ》れがある。というのも、『Ｍａｎｋ／マンク』の主人公はそのタイトルの通り『市民ケーン』の脚本を書いたマンキウィッツその人であり、本作においてウェルズは、脚本の発注主として交通事故で満身創痍《そうい》のマンキウィッツを人里離れた牧場の宿泊施設にカンヅメにして、締め切りを強引に前倒しにして、やがて脚本のクレジット問題で決定的に対立することになる、主人公を抑圧する側の人間として

（主に電話越しに）登場するからだ。フィンチャーは触るものみな傷つける才気走ったウェルズ（や自分自身）と違って、ユーモアと機転で業界の荒波を乗り越えてきたマンキウィッツの人物像に、「シカゴ・トリビューン」紙のベルリン特派員、「ニューヨーク・タイムズ」紙や「ザ・ニューヨーカー」誌の演劇批評家などを歴任してきた父親を重ねていたからこそ、脚本の題材として提案したのかもしれない。『Ｍａｎｋ／マンク』の劇中、マンキウィッツは次のように嘆いてみせる。

「私はこれまで何一つ成し遂げてこなかった。神様、啓示をください。私はあなたのしもべ、モーゼです。ギャラの引き下げには応じませんが」

そんな台詞を、脚本家として生前に報われることのなかったジャック・フィンチャーが書いているのは感慨深いが、現在のフィンチャーも「私はこれまで何一つ成し遂げてこなかった」というマンキウィッツの嘆きに、いくらかの個人的な実感を込めているのではないだろうか。ハリウッドで夢を叶えられなかったのはジャック・フィンチャーだけじゃない。１９５０年代以降のウェルズも、２０１０年代以降のフィンチャーも、ハリウッドが扱いきれなくなった映画作家という意味では、その境遇は変わらない。『Ｍａｎｋ／マンク』の第一稿を読んだフィンチャーが、父親に修正を要求したのは次の一点だったという。

「父はハリウッドが内在している冷笑性（シニシズム）、つまりハリウッド特有の社会病質者（ソシオパス）的な強い磁力を理解していなかった[*2]」

フィンチャーは『Ｍａｎｋ／マンク』における父親との共同作業を通して、「あなたが夢見ていた楽天的で大らかなハリウッドはもうどこにもない。というより、ウェルズの時代からハリウッドは冷笑的な社会病質者たちの集団だ」ということを伝えたかったのかもしれない。2003年にジャック・フィンチャーが亡くなった時、残された『Ｍａｎｋ／マンク』の脚本は第8稿まで重ねられていたという。

1950年代以降のウェルズがそうであったように、いや、もしかしたらそれ以上に、フィンチャーは同業者の映画監督、役者をはじめとする現場の関係者、そして批評家から尊敬を集めている映画監督だ。しかし、尊敬が集まるのと、作品に資金が集まるのは別の話。フィンチャーが作る作品は、典型的なハリウッドのブロックバスター作品ほどの予算は必要としないが、一般的なヒューマンドラマやコメディ作品よりは高くつく。そして、その中間にある作品こそが、この10年間のハリウッドで失われてきたものなのだ。

Ⅲ　『リコリス・ピザ』——ノスタルジーに隠された最後の抵抗

サンフェルナンド・バレー、再び

ポール・トーマス・アンダーソンが自身の生まれ育ったロサンゼルスの街サンフェルナンド・バレーを舞台に、自分が子供だった頃の時代を振り返るのは、『リコリス・ピザ』が初めてではない。長編2作目にして、アンダーソンの名前が世界中に知れ渡るきっかけとなった『ブギーナイツ』（1997年）で描かれているのは1977年から1984年のサンフェルナンド・バレー。『リコリス・ピザ』は1973年のサンフェルナンド・バレーを舞台にしているので、時代をほんの少し遡ったことになる。

『ブギーナイツ』が、その当時の新しいメディアであるビデオの台頭によって衰退していくポルノ映画産業のクロニクルとなったのは必然だった。スタジオ・シティの北に位置するサンフェルナンド・バレーは、映画やテレビの業界人が多く住んでいる地域であるだけでなく、ポルノ映画産業の中心地でもあったからだ。1970年生まれのアンダーソンは、幼少期から少年時代にかけてたっぷり吸ってきたそんな街の空気を、『ブギーナイツ』で再現した。題材が題材だけに、『ブギーナイツ』の劇中に同じ年頃の主要キャラクターは登場しないが、アンダーソンのパーソナリティはマーク・ウォルバーグ演じる主役のダーク・ディグラーことエディと、ポルノ男優として彼をスカウトするもう一人の主要キャラクター、バート・レイノルズ演じる映画監督のジャック・ホーナーに反映されていると言われている。

「言われている」としたのは、アンダーソンは『ブギーナイツ』に限らず自分自身の反映と思われるキャラクターや「自分自身の声」と思われる台詞をかなり頻繁に作中で描いてきた一方で、映画祭などでの短い会見を除いて、極端にインタビューを受けることを避けてきた監督だからだ。

15歳の少年ゲイリー・ヴァレンタインと10歳年上のアラナ・ケインのラブストーリーを軸に描かれる『リコリス・ピザ』においても、アンダーソンの自画像をそのままゲイリーに見出すのは容易だが、ほかの作品がそうであるように各キャラクターに分散されていると考えるべきだろう。『リコリス・ピザ』においてそれよりも注目すべきは、ゲイリーを演じているのがアンダーソンが家族同然の付き合いをしてきた亡き親友フィリップ・シーモア・ホフマンの息子、クーパー・ホフマンにとって初の映画出演作であること。そして、アラナを演じているのがア

『リコリス・ピザ』　写真提供：Everett Collection/アフロ

ンダーソンの高校時代の恩師の娘でもあり、ハイムとしてのバンド活動でも知られている、サンフェルナンド・バレー出身のハイム姉妹の三女、アラナ・ハイムにとって初の映画出演作であることだ。アラナにいたっては役とファーストネームが同じどころか、劇中で姉たちや両親を演じているのも実際のハイム家の面々である。

それに加えて、『リコリス・ピザ』が『ブギーナイツ』以上に自伝的映画である理由は、それがポルノ映画産業についての映画ではなく、サンフェルナンド・バレーのもう一つの側面、テレビ・映画業界の周辺にいる住人たちを描いた作品だからだ。

『ザ・マスター』（2012年）の主人公のように、第二次世界大戦の復員兵だったポール・ト

した（身体的な加害についてはなかったとも語っている）。薬物の依存症から抜け出すことができた理由をインタビュアーから問われると、フィオナ・アップルは冗談めかして次のように語った。

「依存症の人たちはみんな、コカインをやっている最中のタランティーノとアンダーソンと一緒にプライベートシアターに閉じ込められるといい。そうすればもう二度とドラッグなんてやりたくなくなるから」

当時の恋人アンダーソンとタランティーノと過ごした夜のことを「耐えがたい夜」（One excruciating night）と表現したフィオナ・アップルの言葉は、その後、多くのメディアが後追いニュースとして取り上げたことで広まっていった。

「#MeTooとキャンセルカルチャーの時代」において、50代の白人男性であり、長年にわたる映画業界における貢献、そして何よりも映画芸術への貢献によって今や権威的なポジションにあり、フィオナ・アップルの視点のように見方によってはホモソーシャル的な関係性の中で互いの作品によって励まし合ってきたアンダーソンとタランティーノは、いわば「サバイバー」だ。ハーヴェイ・ワインスタインによって見出され、その後も長らく彼の手厚い庇護下にあったタランティーノのキャリアが一時期は深刻な危機（2018年にはユマ・サーマンによる『キル・ビル』（2003〜04年）連作の撮影時に起こったパワハラの告発もあった。同作のエグゼクティブ・プロデューサーにはワインスタインも名を連ねている）に瀕していたのはよく知られていることだが、アンダーソンもまた無傷ではいられなかった。

最も大きな影響は、『ゼア・ウィル・ビー・ブラッド』や『インヒアレント・バイス』（2014年）といった題材そのものが要請する作品のスケールに比して資金集めが困難だったであろう過去作で、そのエグゼクティブ・プロデューサーを務めてきた大物プロデューサーのスコット・ルーディンが、2021年に複数のパワハラ告発によって映画業界から追放されたことかもしれない。ワインスタインに擁護の余地がまったくなかったのと同じように、その告発された行状を鑑みると（性的なハラスメントについての報道はないものの）、ルーディンにも擁護の余地はないのだろう。なので、ここでは彼が世に送り出した作品について淡々と書き留めておくだけにしよう。ルーディンは本章で取り上げてきた作品だけでも、フィンチャーがまだハリウッドのメジャースタジオで作品が撮れていた時期の『ソーシャル・ネットワーク』と『ドラゴン・タトゥーの女』、そしてグレタ・ガーウィグのキャリアを大きく羽ばたかせた『レディ・バード』のプロデューサーであり、ほかの重要な作品のごく一部を挙げるならば、1990年代後半以降のコーエン兄弟、そしてウェス・アンダーソンのほぼすべての作品のプロデューサーでもあった。

いずれにせよ、アメリカの映画業界は確実に変わった。ソーシャルメディアの公式アカウントを持たないアンダーソンやタランティーノは、ステートメントのようなものを自ら発信することは決してないし、国外の映画祭などのどうしても出席しなければいけない会見を除いて、ただでさえこれまでも少なかった公の場での発言の機会もますます減ってきている。

シャロン・テートという人物をどれだけ魅力的に描けるかだけでなく、「もし彼女の命を救うことができたら」という祈りにも似た歴史の書き換えをおこなった『ワンス・アポン・ア・タイム・イン・ハリウッド』が、必然的に彼女の夫であり、未成年との淫行で有罪判決を受けたことによって「ハリウッド」から追放された現役監督」の先駆けとなったロマン・ポランスキーをめぐる話でもあったこと。あるいは『リコリス・ピザ』の主要レファレンスの一つが、同じくハリウッドを追放されたウディ・アレンの『マンハッタン』であり、日本のジャーナリストとのインタビューで子供たちとどんな映画を観ているかを訊《き》かれて「夜は子どもたちのお気に入りの『ラジオ・デイズ』（1987年）を観たりしています」「今夜は長女と『夫たち、妻たち』（1992年）を観ようと話しています[*4]」と答えたことの真意を、ここで掘り下げようとは思わない。また、法廷で無罪判決を受けたアレンはともかく、少なくともポランスキーが過去におこなってきたことに関しては擁護のしようがない。

思えば、『リコリス・ピザ』に登場するのは、映画業界やテレビ業界に生息している大人だけでなく、通常の青春映画や恋愛映画ならば大人の対比としてイノセントな存在である少年少女たちも、誰もが利己的で、ほとんど性格破綻者のような人物（フィオナ・アップルの言葉を借りるなら「冷徹で批判的で軽蔑的」な人物）ばかりだった。アンダーソンは、そんな愚かな大人や子供が、何度も同じ間違いを繰り返して、何度も互いを傷つけ合って、それでも誰も排除することのない街の寛容さに赦《ゆる》されて、他人に過度な要求や期待をせず、ともに生きていく姿を描いていた。

「#MeTooとキャンセルカルチャーの時代」の渦中、あるいはそれをくぐり抜けて、タランティーノとアンダーソンが相次いで、これまでになくハリウッドの映画業界やロサンゼルスの街にノスタルジックな視線を投げかけ、それを甘美な記憶としてフィルムカメラで捉えた背景には、共通する想いがあったはずだ。なぜなら、『ワンス・アポン・ア・タイム・イン・ハリウッド』や『リコリス・ピザ』が彼らにとってハリウッドのメジャースタジオの作品として「最後の映画」となってしまう可能性は十分にあって、彼らはそれを強く自覚していたに違いないからだ。

スクリーンに映し出されたロサンゼルスの街が夕暮れに包まれ、そこに「ベイビー、ベイビー、ベイビー、お前はもう時代遅れだ」（「アウト・オブ・タイム」）と歌うミック・ジャガーの声が聞こえてきた瞬間、胸が張り裂けそうになったアンダーソンの心情を、我々はただ想像するしかない。

Ⅳ 『トップガン マーヴェリック』――最後の映画スターによる最後のスター映画

「監督以上」の存在としてのトム・クルーズ

トム・クルーズという不世出のハリウッド・スターの功績を振り返る時、欠かせない視点は、彼が現代の映画界における「アクター兼プロデューサー」のパイオニア的存在であることだ。トム・クルーズ以前にもクリント・イーストウッドやロバート・レッドフォードを筆頭に、自身のプロダクションを立ち上げて映画製作に深く関与してきたハリウッド・スターは存在しているが、その多くは監督業に進出する上で「自分の撮りたい映画」を作るための足がかりとしてのプロダクション設立だった。しかし、1993年に自身のエージェントであったポーラ・ワグナーとクルーズ/ワグナー・プロダクションズを設立して以来、クルーズはあくまでもアクターとプロデューサーという立場に徹して、『ミッション:インポッシブル』(1996年)から『ミッション:インポッシブル3』(2006年)までのほぼすべての主演作品のプロデューサーを兼任し、出演作以外の作品ではプロデューサーとして、『アザーズ』(2001年)のアレハンドロ・アメナーバル、『ニュースの天才』（2003年）のビリー・レイ、『エリザベスタウン』（2005年）のキャメロン・クロウ、『Ask the Dust』（2006年）のロバート・タウンといった交流の深い監督の作品をサポートしてきた。

クルーズ／ワグナー・プロダクションズの製作ではない作品としては、ロンドンでの撮影が1年以上の長期間に及んだことでギネスレコードにも認定されたスタンリー・キューブリックの遺作『アイズ・ワイド・シャット』（1999年）や、その時点ですでにハリウッドのトップアクターだったにもかかわらず群像劇における助演のポジションで臨んだポール・トーマス・アンダーソンの『マグノリア』など、クルーズはスターとしての効率や看板よりも、映画人としての好奇心や探究心を優先して出演作を選んできた。そんなキャリアの設計が可能となったのも、クルーズ／ワグナー・プロダクションズという収益の基盤があったからだ。

クルーズ／ワグナー・プロダクションは2008年の『ワルキューレ』（2008年）の製作を最後に解散するが、その後もクルーズは多くの主演作でプロデューサーを兼任し続け、作品の手綱を握り続けている。当初、2019年夏に公開が予定されていた『トップガン マーヴェリック』は、プロデューサーの一人であるクルーズが実機での撮影にこだわったことで撮影が長引いて2020年夏の公開に一旦延期。その後、パンデミックに入ったことでさらに公開が何度も延期されることになったわけだが、その間、ネットフリックスとアップルTVプラスはパラマウント・ピクチャーズに巨額の配信権を提示したという。今となってみれば「『トップガン マーヴェリック』をストリーミングサービスで公開するなんて！」と誰もが思うだろうが、実際にパラマウント・ピクチャーズは同時期に製作した『シカゴ7裁判』（ネットフリックス）、『ラブ&モンスターズ』（ネットフリックス）、『星の王子 ニューヨークへ行く2』（アマゾンプライムビデオ）、『ウィズアウト・リモース』（アマゾンプライムビデオ）、『トゥモロー・ウォー』（アマゾンプライムビデオ）を各ストリーミングサービスに売り渡した。もしクルーズがプロデューサーとしての権限でストリーミングサービスへの売却を断固として拒否していなければ、2022年の『トップガン マーヴェリック』現象はなかったかもしれない。

2020年にはすでに完成していた『トップガン マーヴェリック』は、世界的に平常の映画興行が戻ることが見込まれていた2022年5月まで公開が伸ばされ、結果的にアメリカでは国内歴代興収5位（公開当時）の7億1873万ドル（約970億円）、全世界では歴代興収11位（公開当時）の14億9349万ドル（約2000億円）という空前の大ヒットを記録した。パンデミック後、最も映画館への足が遠のいていた、前作『トップガン』（1986年）にノスタルジーを抱いている50代以上の世代もようやく安心して映画館に足を運べるようになったタイミングで、カンヌ、ロサンゼルス、東京とストリーミングサービスで公開される作品では考えられない規模の派手なプロモーション活動をおこない、CGIに頼らないスクリーン映えするスペクタクル・アクションを売りにするエンターテインメント大作を送り出し、若い世代をも巻き込んでハリウッド発としては久々の社会現象を巻き起こす。そのすべての企画、演出、主演を務めたのは、トム・クルーズその人だった。

批評の成層圏を超えた『トップガン マーヴェリック』

劇中のクライマックスで描かれたミッション同様、こうして『トップガン マーヴェリック』は数々の奇跡をクリアすることで映画館に幅広い層の観客を呼び戻したわけだが、さすがのクルーズも想像してなかったのは、ちょうど『トップガン マーヴェリック』の公開日と配信日が重なった『ストレンジャー・シングス4』（ネットフリックス）や『オビ=ワン・ケノービ』（ディズニープラス）の初週再生数を、36年前に公開された前作『トップガン』の再生数がアメリカ国内で上回って、ストリーミングチャートでトップに立ったことだろう。

クルーズにとってその後のキャリアの大きな足がかりとなった『トップガン』が、公開から36年を経てクラシックとして新しい世代をも惹《ひ》きつけていることには、公開当時この作品が

『トップガン マーヴェリック』　写真提供：Photoshot/アフロ

「流行《はや》りもの」として消費され、その後も長らく「80年代ハリウッド映画」の象徴として多くの場合批判的に語られてきたことをよく知る世代としては、正直なところ少々戸惑ってしまう。兄のリドリーと同様にCMディレクターから映画監督に転身したトニー・スコット監督の作品が、批評家や映画マニアからも支持されるようになるのは、TVコマーシャル的な作り込んだ照明や構図や、当時散々MTV的と揶揄《やゆ》されたポップソングを使用した劇中イメージシーンの演出法から脱した、90年代後半以降の作品からだった。

『トップガン マーヴェリック』の監督を任されたジョセフ・コシンスキーは、そんな当時のトニー・スコット作品のタッチを部分的に援用しながらも、6KのデジタルカメラによるIMAX映像を駆使して本作を前作よりも画面のスケール感を強調した映画的なルックに仕上げてみせた。果たすべきミッションに向かってほとんど脇道に逸《そ》れることなく一直線に物語が進行し、終盤に大きな見せ場が連続する脚本も、前作よりもはるかに洗練されている。

しかし、だからといって『トップガン マーヴェリック』が現在のような絶賛一色に値するような普遍的な傑作かと問われると、少々口籠もってしまうのも事実だ。今さらリアリズム的な観点を持ち出して本作の設定やストーリーにツッコミを入れるような無粋なことをするつもりはないが、一つの自律的な作品として評価するには、映画としてあまりにもいびつで、あまりにも自己言及的なのだ。

冒頭のシーンでも中盤のシーンでも、パイロットスーツに身を包んで任務に向かう途中、マーヴェリックは同僚から「なんて顔をしてるんだ」と声をかけられる。腐れ縁の元恋人ペニーからは「そんな目で見ないで」と言われる。どんなあり得ない設定もミッションもトム・クルーズの「顔」で乗り切り、初老手前の男女のロマンスもトム・クルーズの「目力」で乗り切る『トップガン マーヴェリック』は、正しくは、「最後の映画スター」による「最後のスター映画」として評価するべき作品だろう。『トップガン』と同じ1986年に公開された『ハスラー2』は、当時61歳のポール・ニューマンがクルーズにハリウッドのトップスターのバトンを渡した作品だった。しかし、2023年に同じ61歳になるクルーズにはバトンを渡す相手がいない。それは本作に出演しているルースター役のマイルズ・テラーやハングマン役のグレン・パウエルが役者として頼りないからではない。我々が生きているのが、そういう時代だからだ。

「君がハリウッドを救ってくれた」

我々が生きている時代。それは、クルーズのような「映画スター」が出演する、『トップガン マーヴェリック』のような「スター映画」が世界中の映画館のスクリーンを席巻するのが、いつ最後になってもおかしくない時代だ。興行として『トップガン マーヴェリック』に比肩し得る作品といえば、現状ではMCU作品くらいしかないが、果たしてトム・ホランドあたりのMCU作品の主演俳優が36年後に再び同じ役を演じて、それを世界中が熱狂で迎えることを想像できるだろうか？　あるいは、現在のハリウッドで36年前のクルーズに最も近い存在と言えるのはティモシー・シャラメあたりになるのだろうが、主に作家性の強い監督のアート系作品に出演することで自らのブランド価値をキープし、モードの世界でファッションアイコンとして君臨し、アップルTVプラスのCMで「ねえアップル、僕に電話して」とカメラに向かって語りかけているシャラメが、36年後どころか、10年後に映画界の顔であり続けているかどうかも怪しい。少なくとも、ハリウッドのメジャースタジオ作品はシャラメのような突出したスターを引き止めるだけの求心力をもはや持っていない。

クルーズ以降の「アクター兼プロデューサー」としては、２００1年にプランＢエンターテインメントを設立して以降、プロデューサーとしてアクター以上の才覚を発揮したブラッド・ピットのような存在もいる。あるいは、「ワイルド・スピード」シリーズ経由でハリウッドのトップスターへと上り詰めて、やがて袂《たもと》を分かつこととなったヴィン・ディーゼルやドウェイン・ジョンソンのような存在もいる。しかし、いずれももう50代のハリウッド・スターたちであり、彼らの後を引き継げるほどの人材も現在は見当たらない。

『トップガン　マーヴェリック』の撮影現場には、監督のコシンスキーだけでなく、製作と脚本に名を連ねているクリストファー・マッカリー、そしてクルーズと数々の作品をともに作り上げてきたブラッド・バードやダグ・ライマンといった、かつての戦友とも言える監督たちがこぞって訪れたという。それはクルーズがこれまで「アクター兼プロデューサー」として培ってきた人望の賜物だが、きっとそれだけではない。現役で仕事をしているハリウッドの監督たちの間にも、クルーズこそがハリウッド映画にとって「最後の希望」だという共通認識があるのだろう。

2023年2月、『フェイブルマンズ』の監督と『トップガン マーヴェリック』の主演俳優というだけでなく、それぞれの作品でプロデューサーも務めているスピルバーグとクルーズは、アカデミー賞の候補者たちが招かれる昼食会で久々に顔を合わせた。その席でスピルバーグがクルーズに「君がハリウッドを救ってくれた。劇場への配給システムも救ってくれた。これは本当のことだ」と熱く語りかけている様子を収めたショート動画は、瞬く間に世界中に拡散された。

『トップガン マーヴェリック』でエド・ハリス演じる海軍少将は言う。「終わりが来るのは必然なのだ、マーヴェリック。お前のような存在は絶滅に瀕している」。マーヴェリックは答える。「そうかもしれません。でも、それは今日じゃない」。そして、観客の気持ちを代弁してくれたのは、クルーズが続編を製作する上でその出演を絶対条件として譲らなかった、喉頭癌《がん》を患って撮影当時は半引退状態にあったヴァル・キルマー演じる海軍大将、マーヴェリックのかつてライバルだったアイスマンだ。「海軍はマーヴェリックを必要としている。子供たちにもマーヴェリックが必要だ。だから、お前はまだここにいる」。

第四章　映画の向こう側へ

Ⅰ 『TENET テネット』――クリストファー・ノーランが仕掛けた映画の救済劇

「映画館に戻って来ることができてよかった」

新型コロナウイルスの影響で多くの作品で撮影がストップしていた2020年8月。『トップガン マーヴェリック』を完成させた後、ロンドンで『ミッション：インポッシブル デッドレコニング PART ONE』（2023年）の準備作業に入っていたトム・クルーズは、監督のクリストファー・マッカリーと連れ立って『TENET テネット』（2020年）の先行上映に観客として参加して「映画館に戻ってくることができてよかった」と語った動画を、「ビッグムービー、ビッグスクリーン、僕が愛しているもの」というメッセージとともにソーシャルメディアにアップした。2020年の8月時点で、北米やヨーロッパの各都市では映画館の営業が再開され始めていたが、観客の多くは感染リスクを考えてまだ映画館に戻ってきていなかった。そこでクルーズは身をもって映画館が安全な場所であることをアピールしたのだ。

クルーズは『TENET テネット』を撮ったクリストファー・ノーランとこれまで一度も

仕事をしたことがなく、同作を配給したワーナー・ブラザースもそれほど縁の深い関係ではない。スピルバーグが言うようにクルーズは2022年にハリウッドを救い、劇場への配給システムも救ったわけだが、その2年前から映画館に人を呼び戻すために「ハリウッド映画の守護神」としてアクションを取り、そこでメッセージを発していたのだ。

2010年代の半ば以降、ネットフリックスやアマゾンプライムビデオの台頭によって「劇場から配信へ」という時代の大きな流れは決定的なものとなっていたが、それでも劇場で観る映画には、自宅のテレビやデジタルディバイスで観る映画には代替することができない価値があると多くの人が信じてきたはずだった。しかし、新型コロナウイルスの影響で劇場が閉鎖されると、ハリウッドのメジャースタジオは公開の準備をしていた新作の多くを配信プラットフォームに売却し、「新型コロナウイルスの影響」という嵐が過ぎ去るまで、なんとか目先の資金の目減りを最小限に食い止めるために邁進してきた。現代のエンターテインメント産業において、「劇場で映画を観る」という文化を守ることや配給システム（＝興行主）を守ることよりも優先されるのは、株主を守ることだからだ。

数少ない例外として、『トップガン マーヴェリック』、『ワイルド・スピード／ジェットブレイク』（2021年）、『007／ノー・タイム・トゥ・ダイ』（2021年）のような世界中の劇場で公開しないと莫大《ばくだい》な製作費や宣伝費をどうにも回収しきれない作品は、早々に公開の大幅延期を発表（水面化ではそれらの作品にも配信プラットフォームからの巨額のオファーもあったわけだが）。結果として、ノーランの強い働きかけによって劇場公開が死守された『TENET テネット』は、２０２０年3月以降に初めて世界公開されたブロックバスター作品となった。しかし、結果はノーランの近年の作品からは大幅に興収をダウンさせることになってしまった。結局、コロナ禍に入って以降の「ビッグムービー」として、想定されていた水準の興収に達する作品の登場は、その10ヶ月後の２０２１年6月に公開された『ワイルド・スピード／ジェットブレイク』や、その14ヶ月後の２０２１年10月に公開された『００７／ノー・タイム・トゥ・ダイ』まで待つ必要があった。

「我々は黄昏《たそがれ》の世界に生きている」
「そして、夕暮れになると友達はいなくなる」

ウォルト・ホイットマンの詩集『草の葉』からインスピレーションを得たと思われる、『TENET テネット』の劇中で繰り返される特殊部隊の合言葉。ノーランが本作の脚本に着手したのは２０１４年（『インターステラー』（２０１４年）を完成させて『ダンケルク』（２０１７年）のディベロップに本格的に入る前）のこと。その時点で、映画界がここまで早く、ここまで深く、「黄昏の世界」に沈んでしまうことを予測できていたということだろうか。ビジョナリー（予見者）としての映画監督の能力を見くびってはいけない。『ＴＥＮＥＴ テネット』の物語が、ウクライナ警察に入り込んだＣＩＡ工作員によって引き起こされたキエフ（キーウ）のウクライナ国立歌劇場（オペラハウス）の爆破テロから始まることに、その１年半後に震撼《しんかん》したのは自分だけではないだろう。

コロナ禍の最中にあった劇場において、『ＴＥＮＥＴ テネット』はまさに、夕暮れ時に友達がみんな帰宅して誰もいなくなった公園で、一人だけ取り残された子供のような状態となってしまった。

ハリウッドではもうオリジナル脚本作品が成り立たない

『ＴＥＮＥＴ テネット』が「黄昏の世界」における「友達がいなくなった」映画であるのはそれだけではない。２０１９年、オリジナル脚本によるスタンドアローン作品（シリーズものではない作品）でアメリカの国内の年間興収の最も上位につけた作品はジョーダン・ピール『アス』（２０１９年）の12位だった。『ＴＥＮＥＴ テネット』以外の大作が公開を先送りにした２０２０年を飛ばして、２０２１年はショーン・レヴィ『フリー・ガイ』の10位。ようやく大作がコンスタントに公開されるようになった２０２２年は、バズ・ラーマン『エルヴィス』の12位。伝記作品をオリジナル脚本の枠組から外すなら、この年もやはりピール『ＮＯＰＥ／ノープ』の14位。その事実からわかるのは、フランチャイズ作品やユニバース作品の寡占状態にある映画界において、もはやオリジナル作品で年間トップ10に入るようなメガヒットを飛ばすことは不可能に近いことだ。『ＴＥＮＥＴ テネット』について、そしてノーランについて語られる時、彼のフィルム撮影及びＩＭＡＸカメラへの執着については必ず言及されるが、そのこと以上に現在の映画界においてノーラン作品が孤高であるのは、彼が「自身のオリジナル脚本によるメガバジェット作品」という、今やほとんど実現不可能な作品を作り続けていることだ。

ジョン・デヴィッド・ワシントン演じる『ＴＥＮＥＴ テネット』の主人公は、ノーランの脚本では「protagonist」（主人公）とだけ表記されていて、日本では「名もなき男」という訳が当てられている。脚本の書き手が何年も心血を注いで書いてきた何百ページもの長大な脚本の主人公をただの「主人公」とするのには、当然のように理由がある。というか、その理由と「『主人公』とは誰なのか？」を探ることが、『ＴＥＮＥＴ テネット』という作品の謎を解く最

『TENET テネット』　写真提供：Everett Collection/アフロ

大の鍵であると考えるのが、ごく自然だろう。『TENET テネット』までにノーランが監督した長編作品は11作。そのうち2002年の『インソムニア』(2002年)を除くすべての作品の脚本を単独、もしくは共作で手がけてきたわけだが、主人公に名前をつけなかったのはデビュー作『フォロウィング』(1998年)以来のことだ。作家になることを目指していて、そのアイデアを得るために他人を尾行している主人公は、劇中で成り行き上、とりあえずビルと名乗ることとなるが、脚本では名無しの「the young man」。作家志望というわりには自室には古典映画のポスターやポストカードばかり飾っているその「the young man」に、校内に常備された16㎜カメラと編集室を使用する目的でロンドン大学に入学しながらも、その本当の目的を隠すかのように文学を専攻していたノーラン自身の若き日が重なる。

あるいは、『TENET テネット』の製作費2億5000万ドル（約215億円）の3万分の1以下、たった6000ドル（約63万円）の製作費で作られた『フォロウィング』の時点でアマチュアとプロの境界線上にいたノーランが、自身の映画監督としての未来像を、「the young man」をまんまとハメて街の雑踏に消えていくペテン師のコブに見出してみせたという解釈も可能だろう。12年後、ノーランは『インセプション』（2010年）でレオナルド・ディカプリオ演じる主人公を同じコブと名付けた。多くの人が指摘するように、『インセプション』で描かれた「夢」は「映画」のメタファーであり、他人の「夢」に侵入して別の「夢」を捏造《ねつぞう》する主人公は大がかりなペテン師にほかならず、つまりはノーランが目指してきた映画監督の役割そのものだった。このように、作り手が作品の中に紛れ込ませた自分自身を投影したキャラクター（それは一人とは限らない）を解読していくのは、オリジナル脚本作品だけに許された映画の楽しみだ。

『TENET テネット』の主人公とは誰なのか？

では、『TENET テネット』における「主人公」もまたノーラン自身なのだろうか？　答えはノーだ。あまりにも直接的で笑ってしまうのだが、『TENET テネット』の劇中には「主人公」が何度か自分の立場について言及するシーンがある。まず、中盤も過ぎてから突然、ムンバイの女性武器商人プリヤに「俺は主人公じゃないのか？」と問うシーン。プリヤはその問いに「あなたはたくさんいる主人公の一人に過ぎない」と答える。そしてラストシーンでは、その時のプリヤの発言を打ち消すように、主人公自らが「俺は主人公だ」と宣言する。『TENET テネット』の物語は基本的に「主人公」の視点から語られていて、当然のようにスクリーンに最も登場するのも「主人公」なわけだから、そんなやりとり自体が不要にも思えるが、そのくらいはっきりと台詞で念押しをしておかないと作品全体の構造が揺らいでしまうほど、ある別のキャラクターに物語上の仕掛けが集約されているのだ。

そのキャラクターは、神出鬼没、冒頭のキエフのオペラハウスにおけるテロの現場をはじめとして、「主人公」を絶体絶命のピンチから何度も救うことになる、ロバート・パティンソン演じるニールだ。

観客にこれ見よがしに注意を促す、繰り返される「オレンジの紐《ひも》で結ばれたコインのお守り」のクローズアップ。「顔出し」での初登場となるムンバイのシーンにおける、ただ「主人公」と話をしているだけなのに謎にけたたましく盛り上がるルドウィグ・ゴランソンのスコア（トラックタイトルは「Meeting Neil」）。『カサブランカ』（1942年）の超有名なラストシーンに恥ずかしげもなくオマージュを捧げた「主人公」との別れのシーン。観客を置いてきぼりにすることを厭《いと》わず、作品内のロジックを押し通して強引に物語が進んでいく『TENET テネット』にあって、ニールだけはやたらと使い勝手がいいキャラクターとして、演出上も特別扱いされている。人知れず時間の順行と逆行を繰り返して、作品内全体を俯瞰《ふかん》しているだけでなく、作品の外側に広がる過去や未来にも精通している彼は、『インセプション』におけるコブ同様、「映画監督」の役割そのものだ。それをふまえて『TENET テネット』を観直せば、オスロ空港での作戦について「主人公」とニールが交わす次の会話は、完全に楽屋落ちのギャグとしか思えないだろう。

主人公「飛行機を墜落させるつもりなのか？」
ニール「まぁ、空中からではないけどね。そこまでドラマティックじゃないよ」
主人公「どのくらいの大きさの飛行機を使うんだ？」
ニール「そこはこの計画（映画）のちょっとドラマティックなパートだね」

実は『TENET テネット』においてニールにはもう一つの物語上の仕掛けが課せられている。ケネス・ブラナー演じるセイターの母国語であるエストニア語に通じているという設定。エリザベス・デベッキ演じるキャットとの奇妙な親密さ。母親だから当然ではあるものの、わざわざ台詞で不自然なほど何度も強調されるキャットの息子マックスへの執着。そのマックスには決して寄らない思わせぶりなカメラワーク。ニールはマックスと同じ金髪（パティンソンは役のためにわざわざ髪を染めている）。そして、マックス（Max）の正称であるMaximilienの最後の4文字を逆さから読むと——。

デビュー作『フォロウィング』で自身を「the young man」とコブの二人に分散して投影させたノーランは、今度は『TENET テネット』でニール＝マックスという最大のスポイラーの中に自身を投影するキャラクターを隠してみせたとするのが妥当だろう。では、そのニールが避けることができない死を覚悟しながらも時間を逆行し、「黄昏の世界」で「友達」を失うことになったとしても、最後まで守り通そうとしているあの「主人公」は誰なのか？　もうおわかりだろう。『TENET テネット』の「主人公」とは、映画そのもののことなのだ。

2023年4月27日、全米劇場所有者協会（NATO）がラスベガスで毎年開催しているイベント、シネマコンのクロージングで新作『オッペンハイマー』（2023年）の予告を上映した後に壇上に立ったノーランは、世界中から集った興行関係者を前に熱弁を奮って満場の喝采を浴びた。

「私たちは皆、世界をより良い場所にするためのプロセスに携わっています。なぜなら、劇場で体験する映画は、二次元や三次元の美しい映像、音響、音楽、そして言語を組み合わせた史上最高の芸術形態だからです。劇場で体験する映画は、小説のようにほかの人間の主観を追体験することもできますが、それと同時に劇場でほかの観客が感じていることを共感的な体験として感じることができます。私は『お前の言っていることは魔術的な思考だ、懐古的だ、現実離れした白昼夢だ、堅実なビジネスプランとは正反対のものだ』と批難されてきました。しかし、映画界においては魔術的な思考と懐古と白昼夢こそが、たった一つの堅実で健全なビジネスプランなんです。そのことを、この2、3年の出来事によってようやく多くの人が理解するようになりました。映画とはそういうものです。そして、映画というアートフォームから生まれるすべての塔、すべての願望、すべての夢は、劇場という土台の上に築かれるのです」*1

Ⅱ 『DUNE／デューン 砂の惑星』——砂漠からの映画のリスタート

HBOマックス・ショックとその顚末

『TENET テネット』の作品の内外でノーランが企てた映画の救済劇は、思わぬ結果を招いてしまった。『TENET テネット』が公開された3ヶ月後の2020年12月3日、ワーナー・ブラザーズは同年12月25日に北米公開される『ワンダーウーマン 1984』を皮切りに、翌年に劇場公開するすべての作品を、自社のストリーミングサービスであるHBOマックスで追加料金なしで（サービスがローンチしている地域では）公開同日から1ヶ月間配信することを発表したのだ。

その決断の背景には、新型コロナウイルスの影響によって劇場に観客が戻ってこないという現実と、ストリーミングサービス戦争の真っ只中《まただなか》にあって、ローンチして間もない自社のサービスへ契約者をできるだけ囲い込みたいという策略があったわけだが、そこには二つの大きな問題があった。一つは、第二章で取り上げた、ディズニープラスが『ブラック・ウィドウ』を配信公開した際にスカーレット・ヨハンソンがディズニーを訴えたのと同じ権利の問題だ。ハリウッド映画――特にギャランティーの高い大物監督やスター俳優が関わった作品では、プロデューサーや監督や出演者は劇場での興行収入の歩合で成果報酬を受け取るという契約が交わされることが多いが、劇場公開と同日に配信公開されることによってそれがダイレクトに毀損されるという問題だ。

もう一つは、お金ではなくアートに関する問題なので、より深刻だ。『ワンダーウーマン 1984』（この作品は35㎜、65㎜、そして65㎜のIMAXフォーマットで全編フィルム撮影されていた）にしても、『ブラック・ウィドウ』にしても、そもそも監督をはじめとするスタッフたちは、少なくとも初見のファンには劇場で観られることを前提に、何年にも及ぶ作品の制作に従事してきた。それが突然、製作元から公開日からPCやスマホでも視聴できるようになったと告げられたら「話が違うだろう」となるのは当然だ。しかも、この件でワーナー・ブラザースは監督や役者への事前の根回しさえ怠っていた。好意的に解釈するなら、事前に情報が漏れると株価に影響を及ぼすからなのかもしれないが、いずれにせよハリウッドのメジャースタジオは、もはや作品の制作に携わる人々ではなく、親会社（ワーナー・ブラザースの場合は通信会社のAT&T）と投資家の顔しか見ないで大きな決断を下すようになった。ネットなどを通してハリウッド映画の新作情報を追っている人ならばお気づきの通り、２０２０年代に入ってからディズニーやワーナーが長期的な新プロジェクトや重要な新作を初めて発表するのも、メディアに向けてではなく、映画ファンに向けてでもなく、投資家に向けた説明会（インベスター・デイ）の場というのがお約束となっている。

最初に抗議の声を上げたのはノーランだった。『TENET テネット』ではワーナー・ブラザースの決定の前になんとか無事に劇場公開まで漕ぎ着けたノーランだったが、『インソムニア』以降、事実上の専属状態で20年近く仕事をともにしてきたワーナー・ブラザースの「映画作家への裏切り」は、ノーランの今後のキャリアを根底から脅かすものだったからだ。ワーナー・ブラザースの発表があった直後にノーランが出した声明は、このように始まる。

「映画業界の最も著名な映画作家や最も重要な映画スターたちは、最も偉大なスタジオのために仕事をしていると思いながら眠りについた翌朝、自分が最悪のストリーミングサービスのために仕事をしていたことに気づくことになった[*1]」

声明は全文にわたって辛辣さを極めたもので、そこに歩み寄りの余地はほとんどないように思えた。さらに最悪だったのは、ワーナー・ブラザースのCEOであるアン・サーノフはそのステートメントを受けて、『TENET テネット』の北米での興行の失敗から「学んだ」ことが、今回の決断にいたった理由の一つであると説明したのだ。2019年夏にワーナーからヘッドハントされて、同社初の女性CEOに就任したサーノフは、バイアコム、BBCアメリカとテレビ業界の要職を歴任してきたビジネスパーソンで、映画人ではない。ノーランとワーナー・ブラザースの信頼関係は、そこで完全に壊れてしまった。2023年7月に公開される新作『オッペンハイマー』は、ノーランにとって初めてのユニバーサル・ピクチャーズ配給作品となる。

そして、ノーランの次に声を上げた監督が、2021年に『DUNE／デューン 砂の惑星』の公開が控えていた、ドゥニ・ヴィルヌーヴだった。ヴィルヌーヴの声明はより具体的だ。

「AT&Tは映画史上最も尊敬されてきた重要なスタジオを乗っ取った。今回の決定には、映画に対する愛も、観客に対する愛もまったくない。すべては、現在1500億ドル以上という天文学的な負債を背負っている巨大な通信会社の存続のためのものだ。映画の未来と観客のために作った『DUNE／デューン 砂の惑星』は、AT&Tがウォール街で生き残るための道具にされる。ローンチされたばかりのＨＢＯマックスが現時点でうまくいっていないため、ＡＴ＆Ｔは２０２１年の全作品を犠牲にして契約者を集めようと必死になっている。映画を製作する人々にとってのホームから、それらを完全に無視する組織となったワーナー・ブラザースの突然の転換は、明確に一線を越えたものだ。映画製作は相互の信頼に基づくチームワークに依存するコラボレーションだが、ワーナー・ブラザースはもはや同じチームにはいないと宣言したのだ[*2]」

転がり込んできた救世主の役割

このようにヴィルヌーヴの声明もノーランに負けず劣らず熾烈なものであったが、ヴィルヌーヴとワーナー・ブラザースの関係はノーランほど深いわけではない。「ビッグスクリーンで公開されるビッグムービー」への強いこだわりについても、それをことあるごとに強調してきたノーランに対して、ヴィルヌーヴにとっては（少なくとも公の場で表明するのは）近年になって浮上してきたトピックだ。１９７０年生まれのノーランは『バットマン ビギンズ』（２００５年）以降、『プレステージ』（２００６年）を除いて７本の製作費１億ドルを超えるブロックバスター作品を撮ってきたが、ノーランより３つ年上、１９６７年生まれのヴィルヌーヴは『Ｄ

UNE／デューン 砂の惑星』の前作『ブレードランナー2049』（2017年）でその領域に初めて足を踏み入れたばかりだ。

長編映画2作目の『渦』（2000年）が母国カナダやヨーロッパの映画祭で大いに注目を集めたにもかかわらず、自身の映画作家としての能力に限界を感じ、30代を演劇及び脚本について学び直すことに費やしてきたヴィルヌーヴ。長編映画としては9年のブランクを経た、モントリオール理工科大学で起こったフェミサイド銃撃テロを題材にした作品『静かなる叫び』（2009年）、そして演劇を学んでいた時期に出会ったワジディ・ムアワッドの戯曲を映画化した『灼熱《しゃくねつ》の魂』（2010年）まで、彼はあくまでも地元モントリオールでフランス語の作品を撮るインディペンデント系の監督だった。

ヴィルヌーヴのフィルモグラフィーにおけるターニングポイントは、初めてアメリカに渡って映画を撮る機会を得た『プリズナーズ』（2013年）だった（ヴィルヌーヴとワーナー・ブラザースの関係は本作で始まる）。ヴィルヌーヴはこの作品で音楽にアイスランドのポストクラシカルの鬼才ヨハン・ヨハンソン（2018年死去）を起用、また長年憧れの存在であった撮影監督ロジャー・ディーキンスとも初めて組むことになる。ハリウッドのメジャースタジオ作品としては低予算の『プリズナーズ』がスマッシュヒットを記録したことで、ヴィルヌーヴは40代半ばにしてようやく「ハリウッドの映画監督」の一員となったわけだ。

『メッセージ』（2016年）のプロデューサー、テレビシリーズ『ストレンジャー・シングス』（2016年〜）や『フリー・ガイ』でも知られるショーン・レヴィ（ヴィルヌーヴと同じモントリオール出身で歳もほぼ同じ）は、『灼熱の魂』を観てすぐ、ヴィルヌーヴにSF作家テッド・チャンの『あなたの人生の物語』（『メッセージ』の原作）映画化企画で監督を務めてくれないかと打診したという。[*3] つまり、すでに2011年の段階でヴィルヌーヴは常に複数のプロジェクトを抱える売れっ子となっていたわけだが、ただでさえ数年間休みなく働き続け、さらにこれまでとは桁外れの負担とプレッシャーがかかることが予想された『ブレードランナー2049』を撮り終えた後は、しばらく休養に入る予定だった。そこに転がり込んできたのが、これまでアレハンドロ・ホドロフスキーをはじめとした複数のプロデューサーや監督が映画化に動きながらも頓挫し、長編映画としては唯一実現まで漕ぎ着けたデヴィッド・リンチの『デューン 砂の惑星』（1984年）も「失敗作」の烙印《らくいん》を押されてきた、フランク・ハーバート『デューン 砂の惑星』の映画化という傍目《はため》には無謀としか思えない企画だった。

『DUNE／デューン 砂の惑星』のプロデューサーにして、ヴィルヌーヴの現在の妻でもあるタニア・ラポワンテによると、すべてが始まったのは2016年9月のヴェネツィア映画祭で『メッセージ』がプレミア上映された際、会見でヴィルヌーヴが「『デューン砂の惑星』を映画化するのが長年の夢だ」と語ったことだという。ちょうどその時期に『デューン砂の惑星』再映画化の権利取得に動いていたレジェンダリー・ピクチャーズは、その直後からヴィルヌーヴにアプローチを開始し、そこからほんの数ヶ月の間に具体的に動き始めた。『メッセージ』で初めてSF作品を手がけたヴィルヌーヴは、続いて『ブレードランナー2049』、『DUNE/デューン 砂の惑星』と、SF作品が好きな映画監督なら誰もが夢見ると同時に尻込みするであろうビッグプロジェクトの指揮をとることになったのだ。

2017年の春、ヴィルヌーヴは『メッセージ』の日本公開に合わせてプロモーションで来日した。インタビューで「本当に『デューン砂の惑星』をやるつもりなんですか？　きっと1作では終わらないだろうし、そうするとあなたのキャリアは10年以上SF作品一色になってしまいますよね？」と質問した自分に、ヴィルヌーヴは本当に嬉《うれ》しそうに「こんなワクワクする仕事はないよ」と言いながら、『DUNE/デューン 砂の惑星』のアイデアをびっしりと書き込んだノートを見せてくれた。目の前のまだインディペンデント系の監督だった頃の気安さが抜けない朴訥《ぼくとつ》とした男が、その4年後、まさか映画の未来を背負うポジションに立たされることになるなんてまったく想像できなかった。

IMAXが呼び起こす映画の原風景

ワーナー・ブラザースとHBOマックスの取り決め通り、2021年10月22日に劇場公開と配信が同時スタートした『DUNE／デューン 砂の惑星』は、ヴィルヌーヴをはじめとする作品の関係者たちの憂慮を吹き飛ばすような結果を出した。北米における1億830万ドルという興収は、HBOマックスで同時に配信されたことをふまえれば大健闘。さらに、ヨーロッパ、ロシア、中国、台湾などの世界市場でも想定を超えるヒットとなり、4億180万ドルの世界興収を記録。HBOマックスでの配信期間を終えた後、改めて全米のIMAX劇場で拡大公開されてヒットを記録したことも話題となった（リピーターだけではなく、配信で見始めたものの「これはIMAXのスクリーンで観ておくべきだった」と後悔した人々も劇場に押しかけたのだろう）。

IMAX作品の担い手と言えば、まず真っ先に名前を挙げなくてはいけないのはノーランだ。『ダークナイト』（2008年）以降、ノーランはそれまでフィルムの使用コストがあまりにも高いことと、カメラの機動力があまりにも低いことによって、一般的なフィクション作品では避けられてきたIMAXフィルムカメラでの撮影に挑戦し続けてきた。2014年、コダック社がニューヨーク州ロチェスターにあるフィルム工場を閉鎖しようとしていた時には、クエンティン・タランティーノ、J・J・エイブラムスらに声をかけてハリウッドでロビー活動をおこない、主要メジャースタジオが長期的にコダック社から一定量のフィルムを購入し続けるという契約を取り付けることで、フィルム工場を存続させることに成功した。また、IMAXフィルムカメラの「小型化」や「静音化」といったハード面における技術開発にも深く関わり、これまでのIMAXフィルムでの撮影において障害となっていた諸問題の解決に作品ごとに取り組んできた。

その一方、『DUNE/デューン 砂の惑星』は、いわばIMAXのソフト面における進化の恩恵を受けた最初の作品だった。

2020年9月、IMAX社はカメラメーカーのARRI、Panavision、RED、Sonyと提携して「Filmed in IMAX」の認証プログラムを発足させたことを明らかにした。[*4] それまで「Filmed in IMAX」と銘打った映画を作るためには、ノーランが使用している65㎜のIMAXフィルムカメラか、デジタルの場合でもMCU作品などで使用されてきたARRI ALEXA 65㎜IMAXデジタルカメラで撮影する必要があった。IMAXの劇場で上映されたとしても、その撮影のプロセスを経ていない作品は、あくまでもポストプロダクションの段階でリマスタリングされて、IMAXのフォーマットに変換されたものに過ぎなかった。

しかし、ＩＭＡＸ社が新たにスタートさせた「Filmed in IMAX」認証プログラムは、認証されたデジタルカメラで撮影される特定の条件を満たした作品に、プリプロダクションの段階から関与していくもの。それによって、ARRI ALEXA LF や Sony Venice のような比較的小型で量産性の高い最新のカメラでも、個体数に限りがあって使用料も極めて高価な ARRI ALEXA 65㎜ IMAX デジタルカメラで撮ったのと同等の、ＩＭＡＸ映像へのフォーマット化が可能となった。それでもかなりの手間とコストと撮影技術を要するので、製作予算に恵まれた作品に限られた選択肢となるが、これまでごく一部の限られた作品や限られた監督だけのものであった「Filmed in IMAX」作品に、ようやく民主化の兆しが見えてきたわけだ。

ＩＭＡＸ社の新たな認証プログラムの下で作られた作品として、最初に公開されたのは『ＤＵＮＥ／デューン 砂の惑星』で、その次に公開されたのは『トップガン マーヴェリック』だった。本物の戦闘機のコックピットに同時に6台のカメラをセッティングして、それらすべてのカメラでＩＭＡＸ基準の映像を捉えることで実現した『トップガン マーヴェリック』の驚《きょう》愕《がく》の飛行シーンは、Sony Venice の最新鋭の機能とコンパクトさによってもたらされた、まったく新しい映像体験だった。では、『ＤＵＮＥ／デューン 砂の惑星』の映像の新しさはどこにあったのか？

『ＤＵＮＥ／デューン　砂の惑星』の映像が画期的だったのは、従来のARRI ALEXA 65㎜IMAXデジタルカメラでも得られるアスペクト比１・90：１のＩＭＡＸ映像だけでなく、これまではＩＭＡＸフィルムカメラ以外では不可能だったアスペクト比１・43：１のＩＭＡＸ映像が作中でふんだんに盛り込まれていたことだ。誤解を恐れずに言うなら、『ＤＵＮＥ／デューン　砂の惑星』の芸術的達成の大きな部分を占めるのは、このアスペクト比１・43：１のＩＭＡＸ映像のポテンシャルをフルに引き出すべく、作品全体が極めて意識的にデザインされていたことにある。『ＤＵＮＥ／デューン　砂の惑星』のアスペクト比１・43：１のＩＭＡＸ映像は、信じられないほどコストがかかる上に機動性に欠け、駆動音が大きいため静かなシーンや会話のシーンには向かない、ＩＭＡＸフィルムカメラによるぶっつけ本番の撮影ではできない表現へと達していた。

　現状（２０２３年5月現在）、日本には2館しかないＩＭＡＸレーザーＧＴの劇場でのみ鑑賞可能なアスペクト比１・43：１のフルＩＭＡＸ映像は、一般的なＩＭＡＸ作品で用いられてきたアスペクト比１・90：１の横サイズはそのままに、それが上下に広がるかたちで上映される。観客は、目の前に広がる映像があまりにも巨大すぎて、まるで作品世界に飲み込まれたような感覚に陥ってしまうわけだが、それと同時に興味深いのは、体感ではその時にスクリーンが限

『DUNE／デューン 砂の惑星』 写真提供：Everett Collection/アフロ

りなく正方形に近いものと感じられることだ（実際に1・43：1のIMAX映像を表す際に英語では「スクエア・スクリーン」という用語が使われている）。

限りなく正方形に近いスクリーン。それはつまり、1893年にトーマス・エジソンがキネトスコープを公開した際、ムービーカメラの発明者としてクレジットされていた助手のウィリアム・K・L・ディクソンが採用し、サイレント映画の時代までそれが映画の基本となるアスペクト比であった1・33：1（初期のスタンダードサイズ）に先祖返りしているということだ。

1950年代以降、同じアスペクト比1・33：1で開発されたブラウン管のアナログテレビが普及していく中で、映画は巨大なスクリーンを強みとしてテレビに対抗すべく、ビスタサイズ、シネマスコープと横方向にサイズを拡大させていき、ハリウッド大作ではアスペクト比2・35：1のシネマスコープのサイズが主流となっていった。そこから半世紀以上が過ぎて、ハリウッド映画が本格的に終焉を迎えつつある20年代、『DUNE／デューン 砂の惑星』は映画というアートフォームの一つの突破口として、アスペクト比においては映画の誕生期と変わらない「限りなく正方形に近いスクリーン」で再び観客に「まったく新しい体験」をもたらすことを意図したわけだ。19世紀のエジソンが、そして、リュミエール兄弟がそうしたように。

ヴィルヌーヴによる映画の延命策

ことストーリーに関して言うなら、1本の長編映画としては『DUNE／デューン 砂の惑星』ほど人を食った作品もないだろう。なにしろ、2時間35分に及ぶ作品の本編最後の台詞は、ゼンデイヤ演じるデューンに住むフレメンの戦士チャニの「これは始まりに過ぎない」である。そもそも、本作においてチャニが主に存在感を示しているのはティモシー・シャラメ演じる主人公ポール・アトレイデスの夢の中。さらに言うなら、予告編で最も目を引いた壮大な戦闘シーンも、実はポールの夢に出てきたビジョンでしかない。砂漠の道すがら、前を歩くチャニに

「これは始まりに過ぎない」と言われたポールは「え？　そうなの？」とでも言いたげな虚を突かれた表情を浮かべるが、虚を突かれたのは観客の方だろう。

それでいて本作が批評家からも高く評価されていて、観客の満足度も高かったのは、IMAX映像をフルに活用した映画の「画」としての常軌を逸した圧、その圧をさらに強調するハンス・ジマー（ジマーは『DUNE／デューン　砂の惑星』の仕事に集中したいという理由で、長年組んできたノーランの『TENET　テネット』の仕事を断った）が手がけた劇伴の圧倒的な重低音、細部まで徹底的に作り込まれた的確なプロダクション・デザイン、そして現在のヴィルヌーヴの監督としてのブランド力の高さを証明する理想的なキャスティングによるものだろう。また、それらの前提として、ヴィルヌーヴにはフランク・ハーバートの原作への深い理解があって、それが原作のファンからも支持されたということも大きい。しかし、その上で本作から見え隠れしているのは、ヴィルヌーヴのしたたかな策略だ。

本作のプロジェクトが動き始めた頃から、ヴィルヌーヴは本作を2部作として構想していることを明らかにしていたが、ワーナー・ブラザースは続編についての正式なアナウンスを避けてきた。タイトル（原題は"Dune"のみのシンプルなもの）に2部作を示唆するようなサブタイトルが入ってないにもかかわらず、作品の冒頭で"Dune"のロゴとともに"PART ONE"と表示されることからも、現場サイドとワーナー・ブラザースのせめぎ合いの痕跡が窺える。そもそも、シャラメとゼンデイヤのような現在の映画界において最も引きの強い超売れっ子の若手俳優を、先の見えないシリーズもののメインキャストとしてキャスティングするのはスケジュール面においてもリスクが高すぎる。そこには、何らかのかたちで内々の約束があったと考えるのが妥当だろう。

ＨＢＯマックス・ショックの際、撮影現場にスマートフォンを持ち込むことや椅子に座ることを禁止することで知られるノーランに続いて、普段の人柄からは想像できないような強い言葉で異議を申し立てたヴィルヌーヴ。それは、漠然とした「映画の未来」や「映画監督としての未来」に対する危機感だけでなく、最終的なゴーサインを待つだけとなっていた『ＤＵＮＥ／デューン　砂の惑星』続編が、１作目の配信での同日公開によって直接的な危機に晒《さら》されることになったのも大きかったのではないだろうか。

「『ＤＵＮＥ／デューン　砂の惑星』は私がこれまで作った映画の中で圧倒的に最高の映画だ。私たちは3年以上の歳月をかけて、ビッグスクリーンでユニークな体験ができるようにこの作品を作り上げた。その映像と音響は、映画館で見るために綿密に設計されたものだ」。「映画やシリーズ作品を創造するのはアーティストの仕事だ。ウォール街の連中が何を言おうと、映画の未来はビッグスクリーンの中にあると私は強く信じている。有史以来、人間は共同して物語を語る体験を強く必要としてきた。ビッグスクリーンで上映される映画は単なるビジネスではなく、人と人を結びつけ、人間性を称え、互いの共感を高めるアートだ。それは、私たちが直接人と対面し合ってシェアすることができる、最も芸術的な集団体験の一つだ[*2]」

北米で『DUNE／デューン　砂の惑星』が公開日を迎えて、初日の劇場に予測を大きく上回る観客が押し寄せると、その直後にワーナー・ブラザースは続編の製作に正式なゴーサインを出した。『DUNE／デューン　砂の惑星』公開後に3部作の構想についても話をするようになったヴィルヌーヴは、「続編」という表現を嫌い、あくまでも次作は"PART TWO"であると強調するようになった。『トップガン　マーヴェリック』におけるトム・クルーズとは違うやり方で、ヴィルヌーヴはビッグスクリーンで上映される映画の終焉を「それは今日じゃない」と引き伸ばしているかのようだ。

『DUNE／デューン　砂の惑星』の北米公開から半年後の2022年4月、AT&Tはワーナー・ブラザースを含む傘下のワーナー・メディアを分社化、同業他社のディスカバリーと合併させて新会社ワーナー・ブラザース・ディスカバリーを設立した。HBOマックスは、リアリティー番組が売りのディスカバリープラスと統合されることに。ワーナー・ブラザースのCEOアン・サーノフは解雇されて、劇場公開作品のHBOマックスでの同日配信をはじめとする、2022年までに進められてきた数々の施策やプロジェクトはそのまま立ち消えとなった。それらすべては「映画界の出来事」というよりも「ウォール街の出来事」だったが、一連の騒動の中でノーランはワーナー・ブラザースを去り、ヴィルヌーヴはあらかじめすべてを計画していたかのように、2022年末までに『デューン：PART TWO』の撮影を終えた。

Ⅲ　『アバター：ウェイ・オブ・ウォーター』——2010年代なんて存在しなかった？

キャメロン作品の神通力

2009年に公開されて、今なお「スター・ウォーズ」シリーズやMCU作品でさえも超えることができない世界歴代興収1位の記録を打ち立てたジェームズ・キャメロン監督の『アバター』。その公開前の2006年の時点で、キャメロンは2作品の続編を準備していると公言していた。公開後の2010年には、予定通り続編に着手していることが明かされ、2作目の「アバター」は2014年12月に、3作目の「アバター」はその翌年2015年12月に公開予定であることも発表された。

2016年、米国劇場所有者協会が毎年4月にラスベガスで開催しているシネマコンでプレゼンテーションのために登壇したキャメロンは、「アバター」の続編を4作品準備していることと、それらは同時進行で製作する予定で、製作費は合わせて10億ドル（約1400億円）になるだろうと発表した。

最終的に、「アバター」の続編『アバター：ウェイ・オブ・ウォーター』は当初の予定から8年遅れて2022年12月に公開。前作の配給元20世紀フォックスが2019年にウォルト・ディズニー・スタジオに買収されたことで、配給はウォルト・ディズニー・スタジオ傘下の20世紀スタジオが手がけることになった（日本ではウォルト・ディズニー・ジャパン配給）。次作3作目の公開予定は、2年後の2024年12月。製作費は『アバター：ウェイ・オブ・ウォーター』1作だけで3億5000万～4億ドル（約490億～約560億円）と言われていて、4作目と5作目のディベロップも予定通り進めているものの、『アバター：ウェイ・オブ・ウォーター』の結果次第では4作目以降は製作されない可能性もあり得る、と公開直前の時点で報じられていた。

このように、ディズニーからしてみれば本来ならあずかり知らないはずだった、その恐竜のような巨体が前時代からの遺産としてのしかかっていた壮大な「アバター」プロジェクト。一方で、2019年に自社の『アベンジャーズ／エンドゲーム』が2位に割って入るまで、キャメロンの『アバター』と『タイタニック』（1997年）が約10年にわたって世界歴代興収の1位と2位を独占してきたという事実は、キャメロンのプロジェクトを無下にすることはできない理由として十分なものでもあった。3D映画のニーズが減少し、しばらくはほとんど義務のように公開されていたMCU映画の3Dコンバージョン版（ポストプロダクションで3Dに変換したバージョン）だったが、『アバター：ウェイ・オブ・ウォーター』の公開を間近に控えて、ディズニーは『ドクター・ストレンジ／マルチバース・オブ・マッドネス』（2022年）以降、3Dエフェクトの仕上がりにおいて目に見えて再び力を入れるようにもなっていた。

誰もが認めるように、『アバター』1作目の空前のヒットと、本作のために開発されたフュージョン・カメラ・システムによって撮影された3D映像のインパクトは、密接に結びついていた。『アバター』をきっかけに世界的に何度目かの3D映画ブームが起こって、立て続けに『アリス・イン・ワンダーランド』（2010年）や『トイ・ストーリー3』（2010年）も世界各国で大ヒットを記録。2010年代前半には、家庭用テレビやブルーレイディスクのソフトでも3Dマーケットが生まれて、一時的に活況を呈した。

『アバター』現象と3D映画ブームは密接に結びついていたがゆえに、どこまでが『アバター』作品本来が持っていた力なのか、どこまでが3D映画ブームによって牽引《けんいん》されたものなのか、その正確な分析は難しい。3D上映で観た観客の中には、2D上映でもかまわない観客もいただろう。一方で、2D上映で観た観客の中にも、3D映画ブームによって盛んに作品について報道されることで作品の存在を知った観客もいただろう。

しかし、忘れてはならないのは、キャメロンの長編フィクション映画としての前作『タイタニック』は、『アバター』公開前の時点で世界歴代興収2位の『ロード・オブ・ザ・リング 王の帰還』（2003年）をダブルスコア近く引き離して、圧倒的な成績で歴代1位に君臨し続けていた作品であったことだ。『タイタニック』と『アバター』のインターバルは12年、『アバター』と『アバター：ウェイ・オブ・ウォーター』のインターバルは13年。主に技術的な理由によって公開までに製作期間が伸びて、製作費がどんどん嵩《かさ》んでいくのもキャメロンにとってはいつものこと。客観的に振り返るなら、『アバター：ウェイ・オブ・ウォーター』も21世紀に入ってからのキャメロン作品の平常運転の範囲内で世に送り出された作品であった。公開前はその神通力に対して懐疑的な声も少なくなかったが、蓋を開けてみれば『アバター：ウェイ・オブ・ウォーター』は『タイタニック』を超えて世界歴代興収3位となる約23億ドル（約3 2 0億円）の大ヒットを記録。関係者の危惧をよそに、キャメロンだけは最初から最後まで作品の力を信じて、またしても文句なしの結果を叩《たた》き出してみせたわけだ。

これはいつの時代の映画なのか?

2 0 0 9年の『アバター』公開後との大きな違いは、『アバター：ウェイ・オブ・ウォーター』公開後には十数年前のような3D映画ブームはやってこないであろうことだ。膨大な製作時間と製作費、そしてキャメロン自らが開発した技術とキャメロンのチームしか会得していない撮影のノウハウを前に、それと同じ土俵で勝負を挑む映画監督が現れるような機運も、またそれをバックアップする資金も、現在のハリウッドにはない。IMAX作品は汎用性の高いデジタルカメラ撮影による認証プログラムの導入によって民主化への道が開かれたが、3D作品は今後もコンバージョン技術の進化に頼ってなんとか生き延びるのが精一杯だろう。

実際、アクションの多いシーンではハイフレームレート映像（通常1秒24コマの映像の倍、48コマで撮影されている）を駆使した『アバター：ウェイ・オブ・ウォーター』の3D映像は、前作『アバター』をはるかに超える深みと奥行きと、写実性の意味そのものを塗り替えてしまうようなまったく新しい次元のリアルさを獲得している。スクリーンに映っているものに何一つ自然なものなどないのだが、そこにもう一つの現実世界があると確かに信じさせてくれるほど「自然」なのだ。『DUNE／デューン 砂の惑星』のアスペクト比1・43：1のフルIMAX映像が130年前の映画の原風景を呼び起こすとしたら、『アバター：ウェイ・オブ・ウォーター』のハイフレームレート3D映像は数十年先の未来の作品が、何かの間違いで現在の世界に紛れ込んできたような驚きをもたらしてくれる。

『アバター：ウェイ・オブ・ウォーター』　写真提供：Everett Collection/アフロ

しかし、自分が『アバター：ウェイ・オブ・ウォーター』を観ていて最も驚いたのは、映像の未来性とは対照的なその演出方法の古臭さだ。

主人公ジェイクの家族がメトカイナ族（海の民）の集落に辿り着いたところで、メトカイナ族のレヤにジェイクの次男ロアクが目を奪われるシーン。ロアクが一目惚れをして、それにレヤも気づいたことを観客の誰にでもわかるように両者の表情のアップで伝えるのはまだいい（それにしたって気恥ずかしくなるほど野暮ったいカット割りだが）。しかし、そこでレヤが海中から陸地に上がってくるショットが、『007は殺しの番号』（1962年）のボンド・ガール登場のショットに酷似していることを、我々はどのように受け止めたらいいのだろう。年齢的には少年と少女の出会いなわけで、オマージュだとしたら相応しくないし、パロディだとしたらこれまで『オースティン・パワーズ』（1997年）をはじめとして散々パロディにされてきたシーンを、ここでまた擦《こす》る意図がわからない。どうやらキャメロンは天然で、レヤにボンド・ガールの記憶を重ねているとしか思えないのだ。

ストーリーの構成においても、とても3時間12分もの上映時間を正当化できるとは思えない展開が続く。例えば、中盤でロアクと、アオヌングたちメトカイナ族の少年グループの間で一《ひと》悶着《もんちゃく》あった後、アオヌングたちが仲直りを装ってロアクを海に誘って、巨大海生生物トゥルクンの生息域に置き去りにし、そこから生還した後にロアクがアオヌングたちを庇《かば》うことで信頼関係を築くくだり。こうして文章で説明するだけでもまどろっこしいが、アオヌングがロアクを誘った時点でそこからの展開はほとんどの観客が読めるはず。というより、あまりに安易な展開なのでミスリードかと思いきや、それがミスリードではなかったことが判明するまで、たっぷり20分の尺が費やされた後の脱力感たるや。キャメロンのストーリーテリングにおいて、観客をミスリードするという選択肢は最初からないのだ。

やっかいなのは、その物語上はほとんど無駄にしか思えない約20分の間に、映像的には最大の見せ場の一つである、群れから孤立しているトゥルクンのパヤカンとロアクのファーストコンタクト（公開前に開催された約30分の特別プレミア上映もこのシーンを中心に構成されていた）が描かれていることだ。日本の宣伝チームは『アバター：ウェイ・オブ・ウォーター』に「奪われるのは　目か、心か。」というコピーをつけていた。しかし、映画ファンの中には、次の展開がほとんど予測可能なので「心」はまったく奪われず、それでもしっかり「目」だけは奪われるという状態になった人も多かったのではないか。

ポリティカル・コレクトネスよりも世界平和

日本だけでなく、ヨーロッパでもしばしば侮蔑的に「ハリウッド映画的」という言葉が使われることがある。発端、中盤、結末の三幕構成による定型のストーリー構造、善人と悪人にはっきりと分かれたキャラクター造形、安易なハッピーエンドなどに代表される「わかりやすい」作品を指して、いわゆるアートハウス系の作品と対比されて使われる言葉だが、これは事実としてまったく間違っている。

少なくとも1960年代後半から1970年代前半のニューハリウッド（日本で言うところの「アメリカン・ニューシネマ」）以降、その当時のハリウッド映画としては珍しく三幕構成、勧善懲悪、ハッピーエンドで構成された『スター・ウォーズ』（1977年）1作目に代表される一部のエンターテインメント大作を例外として、ハリウッド映画はストーリーテリングの手法において洗練と進化を続けてきた。

アートハウス系のヨーロッパ映画や、インディーズ系のアメリカ映画や、一部の作家性の強い日本映画のストーリーがそれらよりも先鋭的に思えるとしたら、その大部分はストーリーの定型を進化させているのではなく、語りしろを残す、つまりストーリーを未完成の状態のまま放り出すとか、あるいは思わせぶりな演出で煙《けむ》に巻くなどして、定型から逃れることを意図しているからに過ぎない。

自身ではほとんど脚本を手がけないスピルバーグとは対照的に、ハリウッドを代表するヒットメイカーになるきっかけとなった『ターミネーター』（１９８４年）以降すべての作品で、キャメロンは自身で脚本を手がけている。キャメロンの脚本の特徴は、物語の舞台となる世界の構築には科学的知見などをふんだんに盛り込むなど創意工夫を凝らす一方で、その世界の中で展開されるストーリー自体は極めてシンプルなことだ。プロデューサーを務めた作品においてはその限りではないが、キャメロンは監督としての挫折体験（商業的失敗）をしないまま、次作までのインターバルが3年、12年、13年と段階的に広がっていく中で、その作家性を保持してきた。つまり、キャメロンはここ40年間ほどのハリウッド映画のストーリーテリングの進化や洗練と無縁であることを許されてきた、極めて例外的な作家なのだ。

物語のセットアップを経て、新しい世界と出会い、外敵の襲来を受け、クライマックスとして戦闘シーンが展開される『アバター：ウェイ・オブ・ウォーター』の基本的なストーリーラインは、前作『アバター』をそのまま踏襲している。その『アバター』の基本設定やストーリー自体も、『アラビアのロレンス』（1962年）や『ダンス・ウィズ・ウルブズ』（1990年）や『ラスト サムライ』（2003年）などに代表される典型的な「白人酋長《しゅうちょう》もの」（侵略者側である白人が有色人種の原住民を助ける中で、そのコミュニティにおいて酋長的立場になる物語）だ。『アバター：ウェイ・オブ・ウォーター』では物語の最初からジェイクがナヴィ族としての身体《からだ》と一体化しているので、「白人酋長もの」度は薄まっているが、コミュニティの外部からやってきたにもかかわらず、そこで指導者的な立場となって侵略者たちと戦うことになるのは前作と変わらない。

主に欧米のリベラル系のメディアにおいて、『アバター：ウェイ・オブ・ウォーター』に対する批判で最もよく目にしたのは、それが旧態依然とした家父長制に基づいた物語であることへの疑義だった。確かに、家父長的な行動原理はジェイクを常に突き動かしているだけなく、劇中では「家族を守ることが父親の務めだ」というモノローグが反復される。メタファーや行間の意味など存在しないキャメロンの脚本において、モノローグで語られる内容とは、つまりそのまま作品のテーマである。『アバター：ウェイ・オブ・ウォーター』の物語が強固なパターナリズムに貫かれているという指摘は、間違いではない。

しかし、作中で「家族を守ることが父親の務めだ」という主張がされることによって、そうした社会規範がより強化されることがあったとしても、それ自体を政治的に妥当ではない考え方だとするのは極論だろう。仮にそのテーマが欧米のポリティカル・コレクトネス的基準では反動的に見えたとしても、何かを攻撃するもの、つまりはヘイトスピーチ的な扇動のようなものではない限り、映画の中の登場人物の一つの生き方としてそれが否定される理由はどこにもない。

もともと世界的に特異な日本の映画マーケットは、コロナ禍以降、加速的に国内アニメーション作品への依存度を高めてさらに特殊なものへと変容したので、それについてはひとまず置いておくとしても、『アバター：ウェイ・オブ・ウォーター』の記録的なヒットは、海の向こうの出来事であることを差し引いても日本にいるとなかなか実感が湧きにくい現象だった。前作『アバター』公開時のように世界的に3D映画ブームが巻き起こったわけでもない。「スター・ウォーズ」シリーズやMCU作品のようにキャラクターのフィギュアや関連グッズが巷《ちまた》に溢れたわけでもない。現在世界で最も幅広い層から聴かれているアーティストのザ・ウィークエンドが主題歌を手がけたものの、その曲もヒットしなかった。社会現象と呼ぶには、あまりにも劇場の中に限定された出来事に感じられるものだった。

その理由の一つは、日本では海外ポップカルチャーの情報ルートが北米経由に偏っているからだろう。『アバター：ウェイ・オブ・ウォーター』は世界歴代興収3位を記録しながらも、そのうち北米のマーケットが占めるのは30％に満たない。実際、北米での歴代興収は9位止まりだった。日本ほどではないにせよ、北米においても『アバター』から『アバター：ウェイ・オブ・ウォーター』への13年間で、シリーズそのものの求心力は弱っていた。それでも膨大な観客動員を稼ぐことができたのは、コロナ禍前までのクリスマスシーズンでは当たり前のように展開されていたメジャースタジオ間の熾烈なライバル争いが、公開本数の減少や配信プラットフォームへの作品流出によって事実上存在しなかったからだ（日本では、そこに複数の大ヒット国内アニメーション作品があった）。つまり、「ビッグスクリーンでビッグムービーを観たい」という観客の欲求に応えてくれる作品が、２０２２年のクリスマスシーズンにはほぼ『アバター：ウェイ・オブ・ウォーター』しかなかったのだ。

一方で、『アバター：ウェイ・オブ・ウォーター』の興収の70％以上を占めている北米以外の映画マーケットは、スペイン語圏、アジア圏、中東圏などを中心に今なお拡大し続けている。また、中国や中東の一部地域において、ハリウッドのメジャースタジオが推進しているポリティカル・コレクトネスは、これまで白人に偏ってきたキャストの人種バランスの改善によって作品への共感度を高めることにつながることもある一方、劇中の描写によっては作品が公開中止になるなどのリスクを生む要因にもなっている。さらに言うなら、スペイン語圏、アジア圏や中東圏の社会では、『アバター：ウェイ・オブ・ウォーター』の物語の根幹にあるものとして家父長制が描かれていることが、映画を楽しむ上でノイズとなるような事態は（少なくとも今のところは）生まれにくい。一部で批判の声が上がったとしても、コロナ禍を通じて存続の危機に立たされてきた世界各国の興業関係者にとっては、『アバター：ウェイ・オブ・ウォーター』の「世界歴代興収3位」という成果が何よりも大きな事実であることは言うまでもない。

『アバター：ウェイ・オブ・ウォーター』にとって幸運だったのは、経済及び政治的な緊張関係によって3年半にわたって事実上ハリウッド映画を締め出していた中国マーケットが、その公開直前に再開されたことだった。一方で、前作『アバター』の記録的ヒットがきっかけとなってハリウッド映画の需要が急拡大したロシアが、ウクライナ侵攻に対する経済制裁としてハリウッド映画の国際マーケットから締め出されていたことは、『アバター：ウェイ・オブ・ウォーター』の世界興収を少なからず目減りさせることになったはずだ。

軍需産業と並んで、不動の世界ナンバーワンに君臨し続けてきたアメリカの映画産業だが、戦争によって武器が売れることはあっても、映画が売れることはない。『アバター：ウェイ・オブ・ウォーター』のような作品、そしてキャメロンのような映画作家にとっては、作品の内側においても外側においても、追求すべき最大の課題は世界平和であって、ポリティカル・コレクトネスではない。

Ⅳ 『TAR／ター』——観客を挑発し続けること

「アマチュアだけが持つ理不尽な熱意」

『TENET テネット』、『DUNE／デューン 砂の惑星』、『アバター：ウェイ・オブ・ウォーター』。本章では「劇場で観る映画」に残された可能性について考察してきたわけだが、そこで製作費1・6億ドル（約224億円）から4億ドル（約560億円）の超大作を並べただけでは、結局のところラージフォーマット上映（IMAX、3D、ドルビーシネマなど通常の上映とは違う形態でおこなわれる上映）に適した作品に映画の未来を託すことになってしまう。ラージフォーマット作品の充実とそれを上映できるスクリーンの増加は、映画産業にとって残された数少ない打開策の一つであることは間違いないのだが、最後は、本章だけでなく、ここまでの全四章にわたって問題提起してきたことへの、一つの解答となるような作品を取り上げたい。トッド・フィールド監督の『TAR／ター』（2022年）だ。

1964年生まれ、59歳（2023年5月時点）ともう若くはないフィールドは、『TAR／

ター』以前にはたった2作品しか撮っていない。しかも、前作の『リトル・チルドレン』（2006年）から『TAR／ター』の間には16年ものインターバルがある。監督デビュー作の『イン・ザ・ベッドルーム』（2001年）はアカデミー賞で5部門にノミネート、2作目の『リトル・チルドレン』はアカデミー賞で3部門にノミネートと、新人監督として異例の批評的成功を収めてきたにもかかわらずだ。

トロンボーン奏者として、ニューヨークでプロのジャズミュージシャンになることを志していたフィールドは、やがて役者として映画の世界へと流れつき、22歳の時、ウディ・アレンの『ラジオ・デイズ』で初めて商業映画に出演した。アレンの現場で映画製作に目覚めたフィールドは、役者業を続けながら、短編作品を撮り始めるようになる。

短編作品が米英の映画アカデミズムの世界で高く評価されながらも、長編作品を撮る機会に恵まれなかったフィールドを後押ししたのは、役者として参加していた『アイズ・ワイド・シャット』の撮影現場で出会ったトム・クルーズとスタンリー・キューブリックだった。[*1] 現役の1000人の映画監督が「歴史上最も偉大な映画100作品」についてエッセイを寄せるという2022年の米「バラエティ」誌の企画で、[*2] キューブリックの『2001年宇宙の旅』（1968年）を担当したフィールドは、同作について、そして遺作『アイズ・ワイド・シャット』

でその最期の時間を共有することが叶ったキューブリックについて、このように記述している。

「1968年に公開されたスタンリー・キューブリックの『2001年宇宙の旅』は、20世紀を代表する芸術の一つとされているが、公開直後は大失敗になると思われていた。ニューヨークでおこなわれたプレミア上映では約250人もの観客が途中退場し、批評家の多くはこの映画を解釈するのに苦労した。しかし、キューブリックはこの映画が一部の観客によって劇場で繰り返し観られていることを知って、配給したMGMの上層部を強い意志を持って説得して上映を継続させることに成功した」

「キューブリックの知性は、その生涯を通じて彼の好奇心、そして恐れを知らない自己学習によって培われていった。彼はあらゆる正規の教育を疑っていた。その中には、ハリウッドの映画産業で働く人々のノウハウとされるものも含まれていた。映画業界において彼は純粋なアマチュアであり続け、アマチュアだけが持つ理不尽な熱意で作品を作り続けてきた。観客である我々にとって、彼が最後までプロフェッショナルにならなかったことは本当に幸運だった」

フィールドもまた、そのほとばしる才気を持て余しながら、映画業界の中でアマチュアであり続けてきた映画監督と言えるのではないだろうか。『アイズ・ワイド・シャット』撮影中のキューブリックとの交流については、『TAR／ター』の日本公開に合わせて実現した、自分がおこなったインタビューでも次のような秘話を明かしてくれた。

「完成した作品で私はたった3シーンしか出ていないにもかかわらず、ロンドンでの撮影は18ヶ月間に及んだ。でも、その撮影の間、スタンリーは私がどんな質問をしても丁寧に答えてくれたし、映画監督としての心得についてもたくさんのことを教えてくれた。私がアメリカン・フィルム・インスティテュートで映画監督になる準備をしていることを知っていたスタンリーは、編集室に招き入れてくれて、編集中の『アイズ・ワイド・シャット』のラッシュを毎日のように見せてくれたんだ。実は、最初の長編作品『イン・ザ・ベッドルーム』の脚本は、『アイズ・ワイド・シャット』の撮影期間中にロンドンで書いたものなんだ。スタンリーはその脚本も読んでくれて、私にいくつものアドバイスをくれた。それは自分にとって信じられないほど大きな、想像を超えるスリリングな時間だった[*3]」

キューブリックの遺志を引き継いだわけではないのだろうが、「新人監督」時代のフィールドの武勇伝は枚挙にいとまがない。『イン・ザ・ベッドルーム』では、新人監督でありながらあのハーヴェイ・ワインスタインとの駆け引きの末に最終編集権を勝ち取った（その戦略を指南したのはトム・クルーズだった）。『リトル・チルドレン』では、当時ワインスタインと並んで恐れられていた大物プロデューサー、スコット・ルーディンとの駆け引きの末にトム・ペロッタの原作映画化権を奪い取った。フィールドは一時期ドリームワークスと契約を結んで、エイブラハム・リンカーンを暗殺したジョン・ウィルクス・ブースの兄、舞台役者エドウィン・ブースの伝記映画の脚本を執筆していたが、最終的にはスティーヴン・スピルバーグ本人から製作費の採算がどうやっても合わないと直接伝えられたという。[*4] その必然的な結果としての、空白の16年。『TAR／ター』が完成するまでの16年間、インタビューなどで公の場に出ることもなかったフィールドは、その時期をこう振り返っている。[*5]

「『リトル・チルドレン』を作り終えた後、この年齢でまた新たに子育てをするチャンスに恵まれた。だから、よほど前のめりになれるような企画ではない限り、しばらく仕事に追われるような生活はやめようと誓ったんだ。リトルリーグの監督をしたり、PTAの会合に参加したり、子供と釣りに行ったりしている間、私は製作するのがとりわけ困難そうな題材ばかりに、非常に特殊な方法で狙いを定め続けてきたんだ」

ケイト・ブランシェット映画としての『TAR／ター』

「『トップガン マーヴェリック』はトム・クルーズの映画である」のとまったく同じ意味において、『TAR／ター』はケイト・ブランシェットの映画でもある。ブランシェットの存在は、この映画にとって不可欠なだけでなく、すべての発端でもあった。

フィールドとブランシェットが親交を深めたのは2012年頃、共通の知人である、映画界では『スター誕生』（1976年）の脚本を手がけたことでも知られる作家のジョーン・ディディオンを通してだった。フィールドの「空白の16年」の間に途中まで進行していた作品の一つに、ディディオンと脚本を共同執筆した政治スリラー『As It Happens』という企画があったのだ。結局、その作品はほかの企画と同じように実現にはいたらず、ディディオンは2021年に87歳で他界するが、ブランシェットいわく、その時期にフィールドと「信じられないほど仲良く」[*6]なったという。

フィールドは、ブランシェットが主人公リディア・ターを演じることを念頭に『TAR／ター』のオリジナル脚本を書き上げた。ブランシェットは、フィールドにとって映画界で一般的

『TAR／ター』　写真提供：Entertainment Pictures / Alamy Stock Photo

に使われる意味におけるファーストチョイスですらなかった。もしブランシェットがこの脚本を気に入らなければ、その脚本はそのままゴミ箱に捨てられることになっていたという。

アメリカの5大オーケストラで指揮者を務め、現在はベルリン・フィルの主席指揮者として活躍し、若手の女性指揮者を支援する団体を設立し、ジュリアード音楽院でも教壇に立っているリディア。彼女は現代のクラシック音楽界において頂点に立っているだけでなく、エミー賞、グラミー賞、アカデミー賞、トニー賞すべてを受賞したEGOT（現実世界においては2023年現在16人存在する）の一人として、世界的なセレブリティでもある。物語の序盤では「ザ・ニューヨーカー」誌などで活動しているジャーナリスト、アダム・ゴプニク本人が実名で登場して、公開インタビュー形式でリディアの輝かしい経歴を振り返っていく。

リディアはパートナーでコンサートマスターのヴァイオリン奏者シャロンと家庭を築き、養子を一緒に育てている。その一方で、指導者としての地位を利用して、新人の女性指揮者や女性奏者と関係を持ってきたことが劇中で示唆されていく（かつてはシャロンもその一人だったのだろう）。ニューアルバムのアートワークを決める際、参考にするために過去の偉大な指揮者や作曲家のレコードを床にばら撒《ま》いて、文字通り足蹴にするリディア。近代ヨーロッパの白人男性特有の傲慢さの象徴としてヨハン・ゼバスティアン・バッハを嫌悪し、その音楽から学ぼうとしない人種的マイノリティの男子生徒を、ほかの生徒たちの前で完膚なきまでに論破するリディア。極度に神経質だった哲学者アルトゥル・ショーペンハウアーの知られざる非人道的なエピソードに、共感を隠そうとしないリディア。作品の前半では、そうした彼女の全能感と尊大さを物語るシーンが次々に描かれていく。

マーティン・スコセッシの『アビエイター』（2004年）で優雅な身振りで演じきったキャサリン・ヘプバーンの役、ウディ・アレンの『ブルー・ジャスミン』（2013年）の自己愛性パーソナリティ障害気味の中年女性、トッド・ヘインズの『キャロル』（2015年）の若い女性を魅了する気品に溢れた主婦。リディアの姿の向こうに、ブランシェットがこれまで演じてきた忘れがたい数々の女性像が見え隠れする。いや、ブランシェットが演じてきたのは女性だけではない。同じくヘインズの『アイム・ノット・ゼア』（２００７年）はエピソードごとに6人の役者がボブ・ディラン役を演じた作品だったが、その中で一人だけ女優でありながら平然とディランを演じていたのもブランシェットだった。

物語が進むにつれて、『ＴＡＲ／ター』はキャンセルカルチャーという現代社会特有の症例に、批評的かつ挑発的なアプローチを試みた作品であることが明らかになっていく。劇中でも語られているように、現代のクラシック音楽界では、２０１０年代後半以降、実際に次から次へと白人男性の大物指揮者や有名作曲家がキャンセルされてきた。言うまでもなく、それはワインスタイン告発に始まる映画界における #MeToo ムーブメントの余波の中で起こった出来事だった。

ベルリンが主要な舞台である『ＴＡＲ／ター』では、さらにそこから踏み込んで、第二次世界大戦後のドイツ音楽界に吹き荒れた「非ナチ化」における行き過ぎた才能の排除や、それがいかに人為的に業界内の勢力争いに利用されてきたかにまで言及していく。きっとそれは、観客の脳裏に、あの悪名高い50年代ハリウッドの赤狩り（レッドパージ）のことまでをも想起させるだろう。

ここまできて、リディアのジェンダー設定そのものが、本作が仕掛けた数々のトリックの中でも最大のトリックであることに気づかされる。権威主義的というだけでなく実際に絶大な権力を持っていて、女性のパートナーがいながら職務上の権力勾配を利用して若い女性に次から次へと手を出し、威圧的かつ攻撃的で、共感性が極端に欠けているリディアは、ブランシェットが演じているから物語上は女性であるというだけで、実は典型的な「有害な男性性」をカリカチュアしたキャラクターなのだ。確かに、そんな役はブランシェットにしか演じられない。

作品の解釈をめぐる二つのポイント

典型的な「有害な男性性」を持つキャラクターのジェンダーを逆転させて描くことで、観客に揺さぶりをかけていくフィールドとブランシェット。しかし、フィールドの圧倒的な知性と「理不尽な熱意」は、『TAR/ター』を映画としてさらなる次元にまで引き上げていく。フィールドは先に引用したキューブリック『2001年宇宙の旅』に寄せて2022年(『TAR/ター』を完成させた後)に書いたエッセイで、同作のプレミア上映で多くの観客が途中退出し、批評家は作品を解釈するのに苦労し、それでも一部の観客が取り憑かれたように繰り返し作品を観たことについて触れているが、『TAR／ター』の公開後に巻き起こった観客のリアクションや、絶賛しながらも評者の混乱がそのまま露《あらわ》になったレビューの数々は、同じような現象が現代のハリウッド映画でも可能であることを示してみせた。正直なところ、自分も最初に『TAR／ター』を観た時には、作品の中盤以降の画面上に隠されたサインのいくつかを見逃していた。いや、もしかしたらまだ見逃しているものがあるかもしれない。

作品解釈においては、以下の二つが重要なポイントとなるだろう。一つは、物語の終盤で畳みかけるようにリディアを襲う「キャンセル騒動」は現実に起こったものなのか、それともリディアの妄想、またはマルチバースでの出来事的な何かなのか。その終盤にいたるまで、表面上は極めてリアリズム的なナラティブが貫かれているので見落としがちだが、実は物語のかなり序盤のうちから『TAR／ター』の画面上にはいくつものサインが仕掛けられている。そのいくつかは、例えばカーテンの向こう側であったり、ピアノの向こう側であったりと、非常に曖昧かつ明度の低い「残像」のような現象として描かれているので、必然的に劇場の暗闇とビッグスクリーンでの鑑賞環境が要求されるだろう。一方で、もし終盤のキャンセル騒動がリディアの妄想、またはマルチバースでの出来事的な何かだとしたら、別世界へと切り替わる箇所は明確に描かれている。リディアが性的な興味を惹かれている新人チェリストのオリガを、車で家に送り届けた後の一連のシーンだ。そこでリディアは真っ暗な地下へと続く不気味な階段の前に佇《たたず》む。まるで、村上春樹の小説の主人公が井戸の前に佇むように。

もう一つは、アメリカの劇場でも上映が終わった瞬間に場内が騒然となったという（本作はまさに「上映が終わった瞬間」にそうなるように作品の冒頭から巧妙な仕掛けがされている）、ラストシーンの解釈だ。仮にそこまでが現実世界の出来事であるとして、あのラストシーンは欧米のクラシック音楽界からキャンセルされて排除されたリディアにとって一体何を意味するのか？　あのラストシーンでリディアという「モンスター」は、完全に「ハント」されてしまったということなのか？　無粋を承知で、その二つのポイントについてインタビューでフィールドに直接投げかけてみた。

「私はこの作品を通して、すべてのシーンで自分自身に質問を投げかけている。脚本の執筆作業は、まるで自分の頭に銃口を向けるようなプロセスだった。だから、この作品の解釈には多くの可能性がある。その解釈の可能性の一つひとつを、作品を撮り終えた後も自分自身で反芻《はんすう》してきた。私はあらゆる映画が好きだし、観客が正確にどう感じるべきかを丁寧に教えてくれるような作品も嫌いじゃない。ただ、私が最も好きなタイプの作品は、観客に最終発言権があ

おわりに

1960年代から白人のハリウッドスターでは最も熱心に公民権運動に身を投じていたマーロン・ブランドは、『ゴッドファーザー』（1972年）で主演男優賞に選ばれた1973年のアカデミー賞授賞式でオスカー像の受け取りを拒否し、映画業界におけるネイティブ・アメリカン、及び黒人やアジア人の不当な扱いへの抗議としてネイティブ・アメリカンの女性活動家サーチン・リトルフェザーを壇上に送り込んだ。近年になってようやくアカデミー賞が本腰を入れて取り組むようになった問題を、このように50年以上前から社会的なリスクやキャリアのリスクを冒してまで強く主張してきたブランドも、同じく50年以上前の『ラスト・タンゴ・イン・パリ』の撮影現場での醜聞が2010年代後半にソーシャルメディアで拡散されて以降、その名前が挙がる度に「レイピスト」のレッテルが貼られるようになった。監督のベルナルド・ベルトルッチだけでなく当事者二人とも撮影現場で実際の性行為はなかったと明言していること、役者の尊厳を踏み躙《にじ》る強引な撮影をしたベルトルッチにブランドが激怒して、作品完成から20年以上にわたって二人が絶交状態にあったことなどには、もう誰も関心を払うことがない。

一度レッテルが貼られたら、死後であっても糾弾され続ける。ブランドに起こったことは、程度の差こそあれ映画史にその名を刻んできた白人男性であったら誰に起こっても不思議ではない。アルフレッド・ヒッチコックは、当事者の双方が亡くなった後も、ハラスメントを受けたことを自伝で告発したティッピ・ヘドレンの孫であるダコタ・ジョンソンから糾弾され続けている。10代女性との婚姻関係を繰り返してきたチャールズ・チャップリンや、会社経営や制作現場において白人男性ばかりを重用し、複数の作品において人種差別的な描写を指摘されてきたウォルト・ディズニーも、このまま「レスト・イン・ピース」というわけにいかないかもしれない。

トッド・フィールドの『TAR／ター』に世界中の映画批評家から称賛が寄せられた理由の一つには、劇中でケイト・ブランシェット演じる指揮者リディア・ターが、浅知恵からヨハン・ゼバスティアン・バッハを「キャンセル」しようとする男子生徒を、芸術や歴史や社会学に関する知見を総動員して徹底的にやり込める姿への共感もあったのではないか。しかし、そ

「映画館で観る映画」は、見世物小屋の催しへと原点回帰（フランチャイズ映画や低予算ホラー映画）する流れもある一方で、評価の定まっている過去の作品や名の通った監督の新作に関しては、20世紀後半にその最盛期を誇ったアートとして「美術館で鑑賞する絵画」や「オペラハウスで観劇するオペラ」のようなポジションに落ち着いていくのではないだろうか。クリストファー・ノーランやドゥニ・ヴィルヌーヴのような巨匠と呼ぶにはまだ若い一部の選ばれた映画作家たちが、ＩＭＡＸをはじめとするラージフォーマットでの撮影や上映に注力し、作品が長尺化していることは、その最終地点へと向かう助走と捉えることもできる。

本書では、全体の論旨がブレるので言及してこなかったことが一つある。日本の映画マーケットにおけるハリウッド映画の興行価値の凋落だ。２０００年代後半から顕著になっていたその傾向は、コロナ禍において作品の供給が一時的に激減したこと、供給が平常化して以降も外国映画興行の全盛期を支えてきた年配層の映画館への「戻り」が最も鈍いこと、２０１０年代を通じて外国映画興行において圧倒的なシェアを占めてきたディズニーの経営方針がディズニープラスのサービス開始とともに変化したこと、そしてもはや全世代の観客がターゲットになりつつある国内アニメーション作品の隆盛などが重なって、決定的なものとなってしまった。

映画メディアで10年近く毎週興行分析をしている自分にとっては日常の風景でしかないのだが、日本国内の映画興行史、ひいては日本の欧米文化受容史において重大なこの地殻変動については、それだけで新書一冊分くらいの分析や論考を費やす意義はあるだろう。きっと暗い気持ちになるばかりなので、あまり楽しい執筆作業にはならなそうだが。

映画界全体の歴史的な変革期となった2020年代に入ってから公開、配信された作品を、各章4作品ずつ、全部で16作品取り上げながら、現在の映画界で何が起こっているのかを明らかにしていく本書の執筆作業は、唯一暗い気持ちにならざるをえなかった（それでも書いておく必要があった）「第二章Ⅲ『ジャスティス・リーグ：ザック・スナイダーカット』――扇動されたファンダム」を除いて、とても楽しく興奮に満ちたものだった。刻一刻と変化していく海の向こうの状況に翻弄されて、何度も刊行日を延ばして最後の最後まで悪あがきをしてきた筆者を、あたたかく見守り続けてくれた担当編集者の吉田隆之介氏に感謝したい。おかげで、同時代をキャプチャーするだけでなく、それなりに耐用年数もありそうな本にすることができた。

宇野維正

2023年5月9日

註

はじめに

＊1 "Number of movie tickets sold in the United States and Canada from 1980 to 2022", Statista Research Department, February 10, 2023
https://www.statista.com/statistics/187073/tickets-sold-at-the-north-american-box-office-since-1980/

＊2 Brooks Barnes "Movie Theaters Had a Great Summer. But There's a Plot Twist.", *The New York Times*, Published September 4, 2022, Updated September 6, 2022
https://www.nytimes.com/2022/09/04/business/movie-theaters-closing-bankruptcy.html?smid=tw-share

第一章　#MeTooとキャンセルカルチャーの余波

I 『プロミシング・ヤング・ウーマン』――復讐の天使が教えてくれること

＊1 Jodi Kantor and Megan Twohey "Harvey Weinstein Paid Off Sexual Harassment Accusers for Decades", *The New York Times*, October 5, 2017
https://www.nytimes.com/2017/10/05/us/harvey-weinstein-harassment-allegations.html

＊2 Ronan Farrow "From Aggressive Overtures to Sexual Assault: Harvey Weinstein's Accusers Tell Their Stories", *The New Yorker*, October 10, 2017
https://www.newyorker.com/news/news-desk/from-aggressive-overtures-to-sexual-assault-harvey-

weinsteins-accusers-tell-their-stories

＊3　Jan Ransom “Harvey Weinstein’s Stunning Downfall: 23 Years in Prison”, *The New York Times*, Published March 11, 2020, Updated June 15, 2021
https://www.nytimes.com/2020/03/11/nyregion/harvey-weinstein-sentencing.html

＊4　Angelica Jade Bastién “Emerald Fennell Explains Herself Her icy film *Promising Young Woman* set off a fascinating conversation about what we expect from rape-revenge stories.”, *Vulture*, January 22, 2021
https://www.vulture.com/2021/01/promising-young-woman-ending-emerald-fennell-explains.html#

Ⅱ　『ラスト・ナイト・イン・ソーホー』――男性監督が向き合う困難

＊1　Mike Ryan “With ‘Last Night In Soho,’ Edgar Wright Is Taking Nothing For Granted These Days”, *UPROXX*, November 2, 2021
https://uproxx.com/movies/edgar-wright-interview-last-night-in-soho/

＊2　Mattie Kahn “Bertolucci Admits He Conspired to Shoot a Non-Consensual Rape Scene in ‘Last Tango in Paris’”, *ELLE*, December 3, 2016
https://www.elle.com/culture/movies-tv/news/a41202/bertolucci-last-tango-in-paris-rape-scene-non-consensual/

Ⅲ　『パワー・オブ・ザ・ドッグ』――作品の豊かさと批評の貧しさ

＊1　Sean O'Hagan "Jane Campion: 'Film-making set me free... it was as if I had found myself'", *The Gardian*, November 7, 2021
https://www.theguardian.com/film/2021/nov/07/jane-campion-the-power-of-the-dog-interview

＊2　Kenneth Turan "Jane Campion explains her enigmatic career choices: 'I'm careful about the bones I care to chew on'", *Los Angeles Times*, December 1, 2021
https://www.latimes.com/entertainment-arts/movies/story/2021-12-01/jane-campion-power-of-the-dog-netflix

＊3　Eric Kohn "Toxic Masculinity at the Movies: This Year's Awards Season Is All About Bad Men", *Indie Wire*, November 5, 2019
https://www.indiewire.com/2019/11/toxic-masculinity-at-the-movies-joker-irishman-oscars-1202187285/

＊4　Rebecca Keegan "Jane Campion on 'The Power of the Dog's Toxic Masculinity and Why She Won't Make a Marvel Movie'", *The Hollywood Reporter*, September 10, 2021
https://www.hollywoodreporter.com/movies/movie-features/jane-campion-the-power-of-the-dog-interview-1235010819/

Ⅳ　『カモン カモン』――次世代に託された対話の可能性

＊1　「装苑」２０１７年７月号

第二章　スーパーヒーロー映画がもたらした荒廃

Ⅰ　『ブラック・ウィドウ』――マーベル映画の「過去」の清算

＊1　Sarah Whitten "'Spider-Man: No Way Home' could have hit $2 billion at the global box office if it were released in China", CNBC, February 7, 2022
https://www.cnbc.com/2022/02/07/spider-man-no-way-home-could-have-hit-2-billion-with-china-release.html

＊2　Joe Flint and Erich Schwartzel "Scarlett Johansson Sues Disney Over 'Black Widow' Streaming Release", *The Wall Street Journal*, July 29, 2021
https://www.wsj.com/articles/scarlett-johansson-sues-disney-over-black-widow-streaming-release-11627579278

＊3　"Table for Two", December 13, 2022
https://www.iheart.com/podcast/867-table-for-two-105373224/

＊4　"Black Panther: Wakanda Forever (2022)" "Ant-Man and the Wasp: Quantumania" Box Office Mojo
https://www.boxofficemojo.com/title/tt9114286/
https://www.boxofficemojo.com/release/rl3195306753/

Ⅱ　『スパイダーマン：ノー・ウェイ・ホーム』――寡占化の果てにあるもの

＊1　Nicole Sperling "Quiet Awards Season Has Hollywood Uneasy", *The New York Times*, Published

January 9, 2022, Updated January 10, 2022
https://www.nytimes.com/2022/01/09/business/media/hollywood-golden-globes-oscars.html

＊2　Leah Greenblatt "Ben Affleck, at the top of his game", *The Entertainment Weekly*, January 11, 2022
https://ew.com/movies/ben-affleck-cover-story-tender-bar-matt-damon/

Ⅲ　『ジャスティス・リーグ：ザック・スナイダーカット』――扇動されたファンダム

＊1　Tatiana Siegel "Exclusive: Fake Accounts Fueled the 'Snyder Cut' Online Army", *Rolling Stone*, July 18, 2022
https://www.rollingstone.com/tv-movies/tv-movie-features/justice-league-the-snyder-cut-bots-fans-1384231/

Ⅳ　『ピースメイカー』――疎外された白人中年男性に寄り添うこと

＊1　Anthony D'Alessandro "How James Gunn & Peter Safran Landed Top Spots At DC Studios", *Deadline*, October 25, 2022
https://deadline.com/2022/10/dc-films-james-gunn-peter-safran-warner-bros-discovery-1235154682/

第三章　「最後の映画」を撮る監督たち

Ⅰ　『フェイブルマンズ』――映画という「危険物」取扱者としての自画像

＊1　Steven Spielberg "Greta Gerwig", *TIME 100*, April 19, 2018
https://time.com/collection/most-influential-people-2018/5217536/greta-gerwig-2/

Ⅱ　『Mank／マンク』——デヴィッド・フィンチャーのハリウッドへの決別宣言

＊1　Charles Barfield "David Fincher Says He Signed A 4-Year Exclusive Deal With Netflix", *The Playlist*, November 11, 2020
https://theplaylist.net/david-fincher-netflix-exclusive-deal-20201111/
＊2　Jonah Weiner "David Fincher's Impossible Eye", *The New York Times Magazine*, November 19, 2020
https://www.nytimes.com/2020/11/19/magazine/david-fincher-mank-interview.html

Ⅲ　『リコリス・ピザ』——ノスタルジーに隠された最後の抵抗

＊1　"KODAK film helps serve-up a slice of the '70s for Paul Thomas Anderson's Licorice Pizza", *Cinematography World*, April 21, 2022
https://www.cinematography.world/kodak-film-helps-serve-up-a-slice-of-the-70s-for-paul-thomas-andersons-licorice-pizza/
＊2　Jordan Raup "Listen: Quentin Tarantino and Paul Thomas Anderson Discuss 'Once Upon a Time in Hollywood'", *The Film Stage*, August 23, 2019
https://thefilmstage.com/listen-quentin-tarantino-and-paul-thomas-anderson-discuss-once-upon-a-time-

in-hollywood/

＊3 Emily Nussbaum "Fiona Apple's Art of Radical Sensitivity", *The New Yorker*, March 16, 2020
https://www.newyorker.com/magazine/2020/03/23/fiona-apples-art-of-radical-sensitivity

＊4 平井伊都子「ポール・トーマス・アンダーソン監督が語る、映画を作り続ける理由『映画が脳裏から離れたことはない』」MOVIE WALKER PRESS、二〇二二年七月三日
https://moviewalker.jp/news/article/1091372/

第四章　映画の向こう側へ

I 『TENET テネット』――クリストファー・ノーランが仕掛けた映画の救済劇

＊1 Chris Gardner "Christopher Nolan Recalls Being Told" You Make the World a Better Place "By Man Who Thought He Was Aaron Sorkin", *The Hollywood Repoter*, April 27, 2023
https://www.hollywoodreporter.com/movies/movie-news/christopher-nolan-oppenheimer-award-cinemacon-speech-1235404632/

II 『DUNE／デューン　砂の惑星』――砂漠からの映画のリスタート

＊1 Kim Masters "Christopher Nolan Rips HBO Max as "Worst Streaming Service," Denounces Warner Bros.' Plan", *The Hollywood Reporter*, December 7, 2020
https://www.hollywoodreporter.com/business/business-news/christopher-nolan-rips-hbo-max-as-worst-streaming-service-denounces-warner-bros-plan-4101408/

＊2　Denis Villeneuve "'Dune' Director Denis Villeneuve Blasts HBO Max Deal(EXCLUSIVE)" *Variety*, December 10, 2020
https://variety.com/2020/film/news/dune-denis-villeneuve-blasts-warner-bros-1234851270/

＊3　Cara Buckley "Denis Villeneuve of 'Arrival' Leans In to Strong Heroines", *The New York Times*, November 10, 2016
https://www.nytimes.com/2016/11/13/movies/denis-villeneuve-interview-arrival.html

＊4　Carolyn Giardina "Imax Partners With Leading Camera Makers to Open Up Its Large-Format Production to More Filmmakers(Exclusive)", *The Hollywood Reporter*, September 17, 2020
https://www.hollywoodreporter.com/movies/movie-news/imax-partners-with-leading-camera-makers-to-open-up-its-large-format-production-to-more-filmmakers-exclusive-4062214/

Ⅳ 『TAR／ター』――観客を挑発し続けること

＊1　Mike Bedard "Stanley Kubrick And Tom Cruise Pushed TAR's Todd Field To Start Directing His Own Movies", *Looper*, December 30, 2022
https://www.looper.com/1152491/stanley-kubrick-and-tom-cruise-pushed-tars-todd-field-to-start-directing-his-own-movies/

＊2　Todd Field "Todd Field on How '2001: A Space Odyssey' Forever Changed Cinema", *Variety*, December 21, 2022
https://variety.com/2022/film/news/todd-field-2001-a-space-odyssey-best-movies-1235464118/

＊3　「衝撃作『TAR／ター』で奇跡の復活を遂げた〝幻の名匠〟トッド・フィールド、16年間の空白を語る【宇野維正の「映画のことは監督に訊け」】」MOVIE WALKER PRESS、二〇二三年五月一三日
https://moviewalker.jp/news/article/1134644/?cms=tw
＊4　Anne Thompson "Field a father figure to his 'Little Children'", *The Hollywood Reporter*, September 15, 2006
https://www.hollywoodreporter.com/business/business-news/field-a-father-figure-his-138676/
＊5　Kyle Buchanan "With 'Tár,' Todd Field Returns to Directing. Where Has He Been?" *The New York Times*, August 30, 2022
https://www.nytimes.com/2022/08/30/movies/todd-field-tar.html
＊6　Adam Gopnik "Cate Blanchett Plays Herself", *The New Yorker*, February 14, 2023
https://www.newyorker.com/culture/the-new-yorker-interview/cate-blanchett-plays-herself

おわりに
＊1　Robert Koehler "The Pyramid of Power: Todd Field on "Tár"", *Cinema Scope Issue* 93, January 10, 2023
https://cinema-scope.com/cinema-scope-magazine/the-pyramid-of-power-todd-field-on-tar/

URLの最終閲覧日：２０２３年５月９日

本書の第一章Ⅳ、第二章Ⅰ、Ⅱ、第三章Ⅱ、Ⅳ、第四章Ⅰは、「集英社新書プラス」（ウェブサイト）での連載『１３０年目の映画革命』初出の原稿に、作品が公開された後の映画界の変化をふまえて全面的に加筆を施したものです。

宇野維正（うの　これまさ）

映画・音楽ジャーナリスト。一九七〇年、東京生まれ。「キネマ旬報」「装苑」「リアルサウンド」「MOVIE WALKER PRESS」などで連載中。著書に『1998年の宇多田ヒカル』（新潮新書）、『くるりのこと』（くるりとの共著、新潮社）、『小沢健二の帰還』（岩波書店）、『日本代表とMr.Children』（レジーとの共著、ソル・メディア）、『2010s』（田中宗一郎との共著、新潮社）。ゴールデン・グローブ賞インターナショナル・ボーター（国際投票者）。

ハリウッド映画《えいが》の終焉《しゅうえん》

集英社新書一一六七F

二〇二三年六月二一日 第一刷発行

著者……宇《う》野《の》維《これ》正《まさ》

発行者……樋口尚也

発行所……株式会社集英社

東京都千代田区一ツ橋二-五-一〇　郵便番号一〇一-八〇五〇

電話　〇三-三二三〇-六三九一（編集部）
〇三-三二三〇-六〇八〇（読者係）
〇三-三二三〇-六三九三（販売部）書店専用

装幀……原　研哉

印刷所……大日本印刷株式会社　凸版印刷株式会社

製本所……加藤製本株式会社

定価はカバーに表示してあります。

ISBN 978-4-08-721267-9 C0274

Printed in Japan

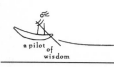